맥킨지의
전략적 프레임

맥킨지의
전략적 프레임

Mckinsey Framework

경영 전략의 본질을 꿰뚫는 컨설팅 프레임워크

오시마 사치요 지음 | 강모희 옮김

유엑스리뷰

"인간은 도구를 사용하는 동물이다.
도구가 없으면 아무것도 아니지만,
도구가 있다면 절대적인 존재다."

———————

토머스 칼라일
(영국의 사상가·역사가, 1795~1881년)

맥킨지에서 단련된
비장의 프레임워크 기술

업무 역량을 극대화하는 맥킨지식 프레임워크

───────

직장인이라면 '한정된 시간 내에 최대한의 성과를 내고 싶다', '논리적으로 전달하여 설득력을 높이고 싶다'라고 생각할 때가 많을 것이다.

그럴 때 강력한 아군이 되어 주는 것이 앞으로 소개할 '프레임워크'다. 프레임워크란 한마디로 정의하면 '생각의 틀'이다. 프레임워크를 활용하면 앞서 말한 상황에서도 신속하고 정확하게 의사 결정을 할 수 있고, 효율적으로 문제를 해결하거나 생산성을 증대시킬 수 있다.

생각의 틀이라고 하면 어렵게 들리지만, 이러한 '틀'에 끼워 넣으면 사고와 고찰, 문제 해결을 원활하게 진행할 수 있게 된다.

예컨대 "주류 관련 기획을 고안하라"라는 지시를 받게 되면, 어디서부터 시작하면 될지 가늠이 되지 않을 것이다. 하지만 "30대 여성을 대상으로 한 일본 술 관련 기획을 고안하라"라는 조건(틀)이 있다면 어떨까. 구체적인 아이디어를 떠올리기 쉬워지지 않을까. 이처럼 비즈니스 현장에서는 어느 정도 제한이나 틀이 있는 편이 생각의 속도도 빨라지고 효율적으로 업무 진행이 가능하다.

게다가 프레임워크를 잘 활용하면 사고력이 활성화되기 때문에, 두서없이 막연히 생각하는 것보다 아이디어가 훨씬 잘 떠오르게 된다.

나는 세계 유수의 컨설팅 회사인 맥킨지 앤드 컴퍼니^{Mckinsey & Company}에서 컨설턴트로 일했다. 맥킨지에서는 일할 때 언제나 '속도'와 '질'을 동시에 추구하면서 높은 성과를 달성할 것을 요구했다. 그 과정에서 철저하게 단련된 것이 이 책에서 말하는 프레임워크다.

다른 동료들에 비해 결코 압도적으로 우수하다고 할 수 없었던 내가 어떻게든 고객의 요구에 맞추어 성과를 낼 수 있었던 것은 프레임워크 덕이다.

실제로 프레임워크를 완전히 내 무기로서 구사할 수 있게 되면서 업무 속도와 질이 비약적으로 높아졌다. 실로 빠르고 효과적인 기술이라 할 수 있겠다.

프레임워크 사고의 장점 3가지

프레임워크를 활용하여 업무를 진행하는 습관을 들이면 틀을 설정하여 정보를 정리하는 '프레임워크 사고'가 자연스럽게 몸에 배게 된다. 이를 통해 사물을 제대로 바라보고 현상을 쉽게 파악하여 결과를 예측할 수 있게 되며, 의사 결정 및 소통 기술 또한 눈에 띄게 향상된다.

프레임워크 사고를 익혀서 얻게 되는 주요 장점은 다음 3가지다.

장점 ❶ 분석 및 검증의 정확도가 향상된다
장점 ❷ 의사 결정이 빨라진다
장점 ❸ 논리적으로 전달할 수 있게 된다

장점 1은 다양한 정보를 '누락과 중복 없이' 정리하는 습관이 생겨서, 분석 및 검증의 정확도가 향상되고 문제 해결 및 상황 파악도 수월해진다는 뜻이다. 전체 정보를 누락과 중복 없이 분류하는 사고

방식을 'MECE^{Mutantly Exclusive and Collectively Exhaustive}'라 하며, 이는 프레임
워크를 활용할 때 중요한 개념이다.

분석 대상을 빠짐없이, 겹치지 않도록 분해하고 분리하는 MECE
는 그 자체로 하나의 프레임워크이기도 하다. 지금이야 유명한 프레
임워크지만, 원래는 대형 컨설팅 기업인 맥킨지에서 활용되던 논리
적 사고의 기본 방식이다.

중요한 것은 MECE 감각이다

예를 들어 어떤 문제를 해결하고자 할 때, 이런저런 요소가 복잡하
게 얽힌 채로 무턱대고 분석 및 검증을 하면 누락과 중복이 발생하여
제대로 되지 않을 것이다.

그러나 먼저 분석 대상을 구성하는 개별 요소를 분해하고, 이들 요
소에서 누락이나 중복이 없는지 MECE를 확인하면서 진행한다면 문
제의 본질적 요인을 찾아내기 쉬워진다.

단, MECE를 활용할 때는 전체적으로 파악하여 관찰한 다음, 중복
보다는 누락에 주의해야 한다. 지나친 치밀함으로 완벽한 MECE를
추구하기보다는 'MECE 감각'을 갖고 생각하라는 뜻이다.

요즘 비즈니스 세계에서는 장점 2인 '의사 결정이 빨라진다'는 것
이 큰 강점이 될 수 있다. 프레임워크 사고가 몸에 배게 되면 업무 속

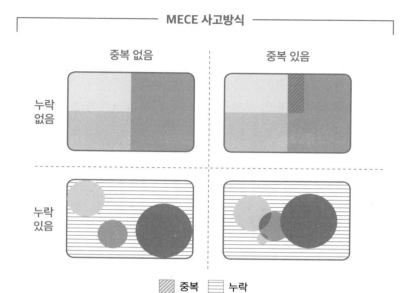

MECE 사고방식

중복 없음   중복 있음

누락
없음

누락
있음

▨ 중복 ▤ 누락

도 및 효율성이 압도적으로 향상되기 때문에 경쟁사나 라이벌과의 차이를 크게 벌릴 수 있다.

그리고 장점 3인 '논리적으로 전달할 수 있게 된다'는 것은 능력 있는 직장인의 필수 조건이다. 프레임워크 사고를 통해 업무를 적절하게 정리하고 논리적으로 전달하는 기술이 숙달되기 때문에 대내적으로 설득력 있는 의사소통이 가능해진다.

주요 프레임워크 타입 3가지

프레임워크는 셀 수 없을 정도로 많이 존재한다. 그 용도와 난이도는 무척 다양하지만, 실제로는 3가지로 크게 나눌 수 있다.

타입 ❶ '요소를 분해하는' 프레임워크

타입 ❷ '흐름을 보는' 프레임워크

타입 ❸ '비교하는' 프레임워크

'설마 이게 다야?'라고 생각할 수도 있지만, 프레임워크는 대부분 이처럼 3가지로 구분된다.

그럼 하나씩 살펴보도록 하자.

먼저 '요소를 분해하는' 프레임워크다. 이 유형은 현재 직면하고 있는 문제와 과제를 요소로 분해하여 그 구조를 탐색하는 프레임워크다. 조금 전 소개한 MECE 외에, 이 책에서 소개할 로직 트리(3장)와 3C 분석(4장)이 대표적인 사례이다.

다음으로 '흐름을 보는' 프레임워크는 업무와 현상의 순서 등을 프로세스로 나누어 분석하는 것이다. 널리 이용되는 PDCA 사이클

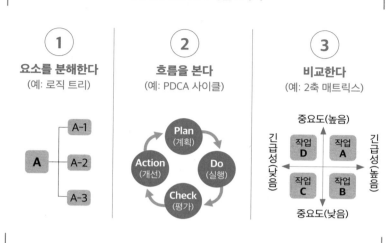

주요 프레임워크 타입 3가지

1
요소를 분해한다
(예: 로직 트리)

2
흐름을 본다
(예: PDCA 사이클)

3
비교한다
(예: 2축 매트릭스)

(9장)이 이 유형에 해당한다. 그리고 이 책에서 소개할 비즈니스 시스템(7장)과 경험학습모형(9장)도 이 유형의 대표적인 프레임워크다.

마지막으로 '비교하는' 프레임워크는 양과 질, 중요도와 긴급도 등의 축을 가정하여 분석한다. 이 유형의 프레임워크는 이 책에서 소개할 SWOT 분석(4장)과 2축 매트릭스(5장) 등을 사례로 들 수 있다.

단, 목적과 상황에 맞추어 가장 적합한 프레임워크를 선택하는 것이 가장 중요하다. 최적의 프레임워크를 활용하면 현재 다루고 있는 문제나 과제의 해결에 큰 효과를 발휘하여, 분석 및 검증과 의사 결정, 의사소통 등 어떤 업무에도 강력한 무기가 될 것이다.

이 책에서 소개하는 프레임워크는 모두 비즈니스 현장에서 자주 활용되는 것들이다. 우선 자신에게 필요한 프레임워크를 찾아보고 철두철미하게 활용해 보길 바란다. 그 무기를 완전히 자신의 것으로 만들었을 때, 당신은 스스로 한 단계 발전했다는 것을 깨닫게 될 것이다.

차례

서문 | 맥킨지에서 단련된 비장의 프레임워크 기술

3장 | 문제 해결책을 체계적으로 검토하는 '로직 트리'

2부
마케팅 프레임워크

4장 | 3가지 관점에서 비즈니스 환경을 파악하는 '3C 분석'

9장 | 행동하고 개선하여 목표를 달성하는 '경험학습모형'

Mckinsey Framework

1부

문제 해결 프레임워크

1장

문제를 미리 예방하는
'하늘·비·우산'

사실 + 해석 + 해결책

내가 비즈니스 및 일상에서 빈번하게 사용하는 문제 해결 방법 중 하나가 '하늘·비·우산'이라는 프레임워크다. 맥킨지에서 일할 때, 특히 어떤 문제에 대한 해결책을 내야 할 때 '하늘·비·우산'이 힘을 발휘한 바 있다.

어떤 것인지 구체적으로 설명하도록 하겠다.

아침에 외출하기 전에 하늘을 바라보니 동녘 하늘이 약간 구름에 덮여 있었다. '이러면 점심쯤에 비가 올지도 모르겠어'라는 생각으로 접이식 우산을 들고 외출했다. 그랬더니 예상대로 비가 내리기 시작했다. 그러나 우산을 갖고 있었기 때문에 비에 젖지 않을 수 있었다.

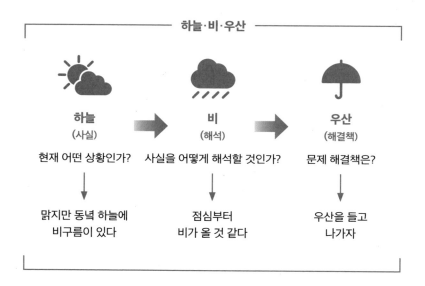

요컨대 '하늘'은 '지금 어떤 상황인가'라는 '사실'을 가리킨다. 쾌청한지, 아니면 구름이 꼈는지 사실 그대로 파악하는 것이다.

다음으로 '비'는 '그 사실이 자신에게 구체적으로 어떤 것을 의미하는지'라는 '해석'을 뜻한다. 예를 들어 '동녘 하늘에 비구름이 있다'라는 사실을 통해 '오후부터 비가 올지도 모른다'라고 해석하는 것이다.

마지막 '우산'은 사실 및 현재 상황과 해석을 고려하여 실제로 선택해야 할 '해결책'을 의미한다. 즉, '비구름이 있다(사실, 현재 상황) →

외출하면 비에 맞을지도 모른다(해석) → 우산을 갖고 나간다(해결책)'
라는 생각의 흐름이다.

이처럼 '하늘·비·우산'의 프레임워크를 활용하면 현 상황을 파악
하고 분석하여 적절한 해결책을 끌어내는 것이 가능하다.

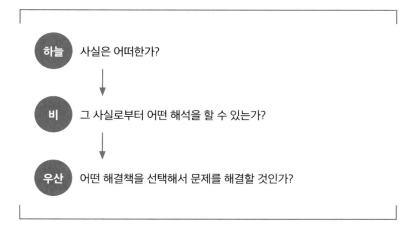

비즈니스에서든 일상에서든 '하늘·비·우산' 프레임워크를 사용하
면 번거로운 문제나 트러블을 사전에 막을 수 있고, 만약 문제가 발
생했다 하더라도 효율적이고 효과적으로 해결할 수 있다.

사실을 파악한 것만으로는 문제가 해결되지 않는다. 반드시 그 문
제를 해석하고 해결책을 찾아내는 순서로 사고해야 한다. 사실, 해
석, 해결책은 반드시 묶어서 생각하는 것이 매우 중요하다.

문제 발생을 예측하고 예방하는 방법

하늘을 보고 비가 올 것이라 해석하여 우산을 가지고 외출하면 비를 맞지 않고 지나갈 수 있다. 하지만 하늘을 보지 않았다거나 하늘을 보고도 비가 올 것이라는 판단을 못 했다면 비를 고스란히 맞을 수밖에 없다.

요컨대 '우산을 가지고 외출한다'라는 해결책에 도달하지 못하면 흠뻑 젖어 버리거나 어디선가 우산을 사거나 비가 멈출 때까지 기다릴 수밖에 없다. 시간이나 비용 혹은 불쾌함 등 어떤 식의 희생을 감수해야 한다는 말이다.

하늘을 보고 어떤 식으로 해석했는지에 따라 해결책의 좋고 나쁨이 변하는 것처럼, 사실을 어떻게 해석하는지는 최적의 해결책을 고안하는 데 매우 중요하다.

예를 들어, 당신이 이성과 두 번째 데이트 약속을 했다고 하자. 당신은 상대방에게 호의를 갖고 있으며 사귀고 싶다고 생각하지만 상대방의 마음은 알 수 없다. 첫 번째 데이트는 그럭저럭 성공했다. 상대방도 만족한 것 같았고 두 번째 데이트 신청에도 응해 주었다. 하지만 상대방과 사귈 수 있을지 없을지는 두 번째 데이트에 달렸다.

이때, 승부를 결정짓는 것은 첫 번째 데이트에서 얼마나 상대방에 관한 정보를 수집했는지, 그 사실로부터 어떤 해석을 하였는지다.

두 번째 데이트로 요즘 인기 있는 놀이공원에 함께 가기로 했다. 휴일이라 혼잡이 예상되지만 미리 입장권을 사 두었기 때문에 빠르게 입장할 수 있었다. 그런데 빠르게 입장했음에도 불구하고 이미 공원 안은 사람들로 가득해 매우 혼잡했다. 게다가 인기 있는 놀이기구는 전부 몇 시간씩 기다려야 했다. 이에 대비하지 못 했기 때문에 화제가 끊어져 어색한 침묵만 흘렀다.

결국 대기 시간 내내 두 사람 다 스마트폰 화면만 쳐다볼 뿐 제대로 된 대화도 하지 못했고, 상대방의 분위기도 점점 어두워졌다. 확연한 실패의 예감만이 감돌았다.

그렇지만 이런 때에도 '하늘·비·우산'을 활용하면 성공적인 결과를 만들어 낼 수 있다. 지난번 데이트 때 얻은 다양한 정보를 토대로 미리 해결책을 준비하면 된다. 놀이기구의 대기 시간이 길다 해도 이를 가정하여, 상대방이 좋아하는 콘텐츠나 게임 애플리케이션을 미리 스마트폰에 다운로드해 두거나 상대방이 흥미를 보일 만한 이야기를 준비해 둔다면 지루하지 않을 것이다. 대기 시간 동안 대화가 잘 이루어진다면 데이트의 성공은 반쯤 약속된 것이나 다름없다.

그러나 데이트가 끝나고 나서 해결책을 내는 것은 무의미하다. 비가 내리고 흠뻑 젖어 가면서 '우산을 가져올 걸 그랬어'라고 후회해 봤자 이미 늦은 것이다.

여기서 이 데이트 사례를 '하늘·비·우산'으로 정리해 보자.

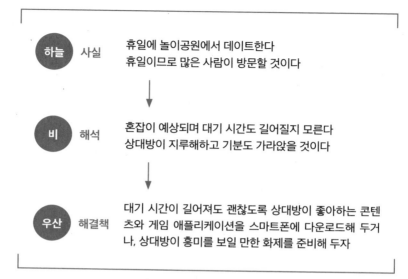

하늘	사실	휴일에 놀이공원에서 데이트한다 휴일이므로 많은 사람이 방문할 것이다
비	해석	혼잡이 예상되며 대기 시간도 길어질지 모른다 상대방이 지루해하고 기분도 가라앉을 것이다
우산	해결책	대기 시간이 길어져도 괜찮도록 상대방이 좋아하는 콘텐츠와 게임 애플리케이션을 스마트폰에 다운로드해 두거나, 상대방이 흥미를 보일 만한 화제를 준비해 두자

구부러진 굴뚝을 보고 화재를 예견하다

비즈니스든 일상에서든, 문제가 발생하면 신속하게 해결해야 한다. 현 상황에 관한 사실(정보 및 데이터)을 아무리 많이 수집했더라도, 올바르게 해석하여 적확한 해결책을 내지 않는다면 아무 소용이 없다.

중국 전한 시대(기원전 206년~기원후 8년)의 역사책인 《한서》의 〈곽광전〉을 보면 다음과 같은 이야기가 있다.

중국 전국 시대에 어떤 손님이 여관에서 숙박하였다. 손님이 여관의 굴뚝을 보니 구부러져 있고, 연기와 불꽃이 나오는 끄트머리 부분에는 연료용 지푸라기와 장작이 놓여 있었다. 위험하다고 생각한 손님은 주인에게 말했다.

"굴뚝에서 불꽃이 나오고 있소. 지푸라기와 장작을 서둘러 다른 곳으로 옮기지 않으면 불이 나고 말 것이오."

그런데 주인은 "지금은 바빠서요."라며 손님의 말을 귀담아듣지 않았다. 아니나 다를까, 불꽃이 장작에 옮겨붙어 불이 났고, 여관방이 있는 건물에도 불이 퍼지기 시작했다.

이를 본 이웃 주민이 달려와서 머리카락을 태우고 이마에 화상을 입어 가면서 소화 작업을 진행했다. 그의 분투 덕에 겨우 불을 끌 수 있었다. 여관 주인은 이웃 주민에게 감사하며 소를 잡아 성대한 술자리를 벌이고 후하게 사례했다.

이를 본 어떤 사람이 주인에게 말했다.

"소화 작업을 도와준 사람에게 사례하는 것은 당연하지만, 가장 사례를 해야 할 사람은 처음에 '굴뚝이 구부러져 있으니 장작을 옮기시오'라고 충고해 준 분이 아니겠나. 일이 벌어진 후에 힘써 준 사람보다 일이 일어나기 전에 경고해 준 사람이 더 중하지."

그 말을 들은 주인은 부끄러운 마음이 들어, 충고해 준 손님을 찾아가 감사 인사를 하고 크게 사례하였다.

이 일화를 '하늘·비·우산'으로 정리해 보면 다음과 같다.

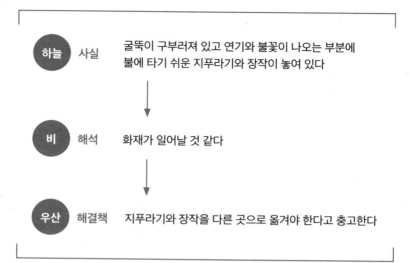

하늘	사실	굴뚝이 구부러져 있고 연기와 불꽃이 나오는 부분에 불에 타기 쉬운 지푸라기와 장작이 놓여 있다
비	해석	화재가 일어날 것 같다
우산	해결책	지푸라기와 장작을 다른 곳으로 옮겨야 한다고 충고한다

　이야기 초반에 등장한 손님은 사실을 직시하고 화재가 일어날 것이라고 해석하여, 주인에게 해결책으로 장작을 옮기라고 충고했다. 그러나 주인은 충고를 귀담아듣지 않았다. 손님이 말한 대로 했다면 화재도 일어나지 않았을 것이다.

　화재 소동을 지켜본 사람이 말한 것처럼, 문제나 분쟁이 발생하고 나서 이를 해결하기 위해 노력하는 것도 중요하지만, 하늘을 보고 비가 올 것을 예상하여 사전에 문제가 발생하지 않게 방지하는 것이 훨씬 가치 있다.

　이것이 재앙을 미리 방지한다는 의미의 고사성어, '곡돌사신'의 유래가 된 유명한 일화이다.

인터넷과 신문 기사를 조심해야 하는 이유

흐린 하늘을 보고 '비가 올 것이다'라 하고, 불꽃과 장작을 보고 '불이 날 것이다'라고 추측하는 것은 비교적 정확도가 높은 가설이다. 그러나 실제 비즈니스 현장에서는 정확도가 높은 가설을 수립하는 것 자체가 매우 어려울 때가 많다. 이는 반대로, 정확도가 높은 가설을 세울 수 있다면 문제 해결에 이르는 결승점이 보인다고 할 수 있다.

이를 위한 전제 조건으로서, 정보의 수집이 매우 중요하다.

이때 요점은 가능한 한 2차 정보가 아닌 1차 정보를 수집하는 것이다. 2차 정보란 인터넷이나 신문, 잡지 등에 쓰여 있거나 TV에서 보았거나 애널리스트와 평론가들이 한 말 등 제삼자로부터의 정보를 가리킨다.

물론 2차 정보도 유익하지만, 제삼자의 필터가 적용되어 있어서 엄밀하게 말하면 사실이라고 볼 수 없다. 이미 1차 정보를 가공하거나 편집한 것이기 때문에 제삼자의 가치관이 짙게 나타난다. 그 관점과 해석이 반드시 옳다고는 할 수 없으며, 사실과 결론이 의도적으로 왜곡되었을 가능성 또한 존재한다.

내가 맥킨지에서 근무할 때, 일본 지사장이었던 오마에 겐이치 씨로부터 "신문에 쓰여 있는 내용을 액면 그대로 받아들이면 안 된다"라는 말을 자주 들었다. 신문에 쓰여 있는 것은 기자의 필터를 거쳤기 때문에 사실 그 자체는 아니다.

나는 도움이 될 만한 신문 기사를 읽으면 발언한 사람을 확인하여 직접 만나러 가거나, 인터뷰를 요청하여 생생한 목소리를 들으려 했다. 정확성 높은 가설을 세워 적확한 해결책을 찾으려면 현장에서 철저하게 조사를 진행하여 1차 정보를 수집해야 한다.

개선을 위한 힌트는 현장에 있다

예컨대 당신이 컨설턴트이고 당신의 상사가 "고객사인 자동차 딜러의 매출이 떨어지고 있으니 원인을 규명하여 개선책을 고안해 주게"라고 지시했다고 하자.

이때 반드시 생각해야 하는 것이 바로 '하늘'이다. 왜냐하면 현재 상황을 정확히 파악해야만 원인을 밝히고 개선책을 찾을 수 있기 때문이다.

높은 품질의 정보를 수집하려면 현장에 직접 가 봐야 한다. 현장에 가면 독자적인 정보를 얻을 가능성도 높아진다.

현장에 다녀온 이후에는 손님(고객의 고객)에게 의견을 묻고 이유를 들어보도록 한다.

"그 딜러로부터 차를 구매한 이유는 무엇인가?"

"다른 딜러를 선택하지 않은 이유는?"

"차를 구매할 때 중시하는 점은 무엇인가?"

"차를 바꿀 때도 계속하여 그 딜러를 통해 구매하는 이유는 무엇인가?"

"다른 딜러와 비교했을 때 개선해야 할 점이 있는가?"

이와 같은 질문을 하여 매출이 떨어진 원인에 대해 철저하게 살펴봐야 한다. 영업 현장에서 무슨 일이 벌어지고 있는지 모른다면 정확성 높은 가설이나 효과적인 해결 방안을 도출할 수 없다. 이 점을 결코 잊으면 안 된다.

다음 사례에 대해 생각해 보자.

현장에 가기 전에 그 딜러의 재구매율이 떨어지고 있다는 데이터를 보고 나서, 당신은 '영업 담당자와 손님의 관계가 나빠진 것이 아닐까?'라는 가설을 세웠다.

자동차처럼 가격이 비싼 상품은 원래 영업 담당자와 손님의 관계가 중요하다는 게 업계의 상식이었다. 영업 담당자가 정기적으로 손님을 방문하여 재구매율을 높이는 것이 매출을 크게 좌우하는 요인이라고 생각했기 때문이다.

이 경우, 당신이 처음 생각한 '하늘·비·우산'은 다음과 같다.

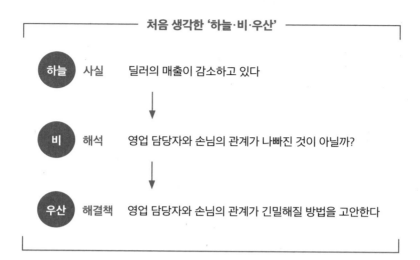

처음 생각한 '하늘·비·우산'

하늘	사실	딜러의 매출이 감소하고 있다
비	해석	영업 담당자와 손님의 관계가 나빠진 것이 아닐까?
우산	해결책	영업 담당자와 손님의 관계가 긴밀해질 방법을 고안한다

하지만 처음 생각한 '하늘·비·우산'은 그렇게 합리적이진 않다.

인터뷰 결과, 손님은 영업 담당자가 정기적으로 방문하는 것 자체를 싫어한다는 것을 알게 되었다. 맞벌이 세대가 늘면서 가족끼리 단란하게 보내는 휴일에 영업 담당자가 찾아오는 것을 귀찮게 여긴다는 것이다.

합리적인 가설이 문제 해결의 성사 여부를 결정한다

손님들은 자동차를 바꿀 때 비즈니스적으로 대하는 다른 딜러를 통하여 구매하고 있었다. 물론 그 딜러는 영업 담당자가 정기적으로 방문하거나 환심을 사기 위한 행동을 하지 않았다.

인터뷰 결과, 손님과 영업 담당자의 긴밀한 관계는 매출에 도움이 되지 않을뿐더러 오히려 매출 감소의 원인임을 알게 되었다. '손님은 영업 담당자와의 친밀한 관계를 꺼린다'라는 의외의 사실을 깨닫게 된 것이다.

이러한 결과에 기반하여, 당신은 고객사인 딜러에게 매출 감소라는 문제의 해결책으로 고객 관리 방식에 대해 재고하도록 조언했다. 영업 담당자의 정기적인 방문을 그만두고, 대신에 고객센터를 설치하여 전문성을 갖춘 상담사가 전화로 손님과 이야기하는 형태로 바꾼 것이다. 그랬더니 딜러의 매출이 조금씩 회복되기 시작했다.

다시 정리해 보자.

인터뷰를 통해 당신은 손님들이 영업 담당자의 정기 방문을 기피하고 있다는 것을 알게 되었다. 그래서 '손님은 영업 담당자와의 친밀한 관계를 꺼리는 것이 아닐까?'라는 해석을 가설로 세웠다. 가설이란 가정의 아이디어 또는 문제의 해답을 말한다.

다음은 그 가설에 기초하여, 밀어붙이는 방문 영업이 아니라 고객이 점포를 방문하는 매장 영업이 효과적일 것이라 보고, 정기 방문 정지 및 고객센터 설치라는 해결책을 제시하였다.

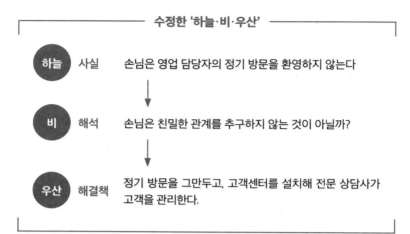

수정한 '하늘·비·우산'

하늘 / 사실 / 손님은 영업 담당자의 정기 방문을 환영하지 않는다

↓

비 / 해석 / 손님은 친밀한 관계를 추구하지 않는 것이 아닐까?

↓

우산 / 해결책 / 정기 방문을 그만두고, 고객센터를 설치해 전문 상담사가 고객을 관리한다.

이 사례처럼 합리적인 가설을 수립했는지에 따라 해결책의 성공 여부가 결정된다. '하늘·비·우산'을 활용하면 프로세스가 개선되며 사고의 속도가 향상된다. 또한, 상대방을 설득하는 것도 수월해져 질과 속도를 겸비한 업무를 수행할 수 있게 된다.

이를 위해서는 현장에 직접 가서 취득하는 '생생한' 정보와 그것을 적절히 해석하여 해결책을 도출하는 과정이 매우 중요하다.

높은 품질의 정보를 수집하는 방법

조금 전 말했듯이, 1차 정보를 수집하는 데 인터뷰는 필수적이다. 가장 바람직한 인터뷰 대상은 자사의 상품 및 서비스를 구매한 고객과 사용자다. 그 밖에 거래처 및 원료 공급자, 외주처 등의 의견을 듣는 것이 효과적일 때도 있다.

하지만 인터뷰가 곤란한 때도 있다. 그럴 때는 상품과 서비스를 이용 중인 현장 및 판매점에 가서 고객을 관찰하는 것으로 대신할 수 있다. 그곳에 있는 고객과 사용자에게 자연스럽게 말을 걸어 귀중한 의견과 정보를 수집할 수 있는 것이다.

'몇 명 정도에게 말을 걸어야 할까?'라고 생각하는 사람이 있을지도 모르겠다. 내 경험상 적어도 3명에게 인터뷰를 제대로 했다면 상당히 높은 수준의 정보를 수집할 수 있다.

실제로 활용도 연구의 제1인자인 야콥 닐슨Jakob Nielsen 박사의 분석에 따르면, 사용자 3명에게 테스트를 진행하여 해결해야 할 과제 약 70%를 발견할 수 있다고 한다. 5명에게 인터뷰를 한다면 약 85%를 찾아낼 수 있다고 한다. 따라서 적어도 3~5명과 인터뷰를 진행한다면 마찬가지의 결과를 얻을 가능성이 높아질 것이다.

인도의 유명한 설화 중에 7인의 맹인과 코끼리 이야기가 있다.

이 이야기 속에서 7인의 맹인은 코끼리를 마주친다. 코끼리의 귀를 만진 사람은 "코끼리는 큰 나뭇잎이다"라고 말했다. 다리를 만진 사람은 "아니, 틀림없이 나무의 밑동이다", 꼬리를 만진 사람은 "두꺼운 밧줄이다", 옆구리를 만진 사람은 "벽이다", 코를 만진 사람은 "뱀이다", 입을 만진 사람은 "가방이다", 상아를 만진 사람은 "창이다"라며 각각 다른 답변을 내놓았다.

당신이라면 이해할 것이다.

위 해석은 전부 부분에 불과하며 전체가 아니다. 물론 저마다 '사실'을 말하고는 있다. 그러나 잘못된 정보를 모두 모아 연결한다고 해도 '코끼리의 전체적인 모습'에 접근하기는 어렵다.

이처럼 잘못된 인식에서는 잘못된 해답만 나올 뿐이다. 예를 들어, 코끼리가 길을 막아서 이를 치우지 않으면 나아갈 수 없다고 했을 때, 7인의 맹인에게서 해결책은 나오지 않을 것이다.

코끼리의 사례에서 볼 수 있듯, 맨 처음 해야 할 일은 코끼리의 전체적인 모습을 알 수 있도록 양질의 정보를 수집하는 것이다. 그리고 그 코끼리가 길을 막고 있다는 것을 파악해야 한다. 즉, '현재 상황 전체'를 보는 것이다.

인터뷰할 때는 지금 벌어지고 있는 현상을 통해 문제의 본질에 파고들어야 한다. 자동차 딜러의 사례로 보자면, 매출의 감소에 직접 대응하는 게 아니라 '그런 현상(매출 감소)이 왜 일어났는가?' 또는 '어떻게 해야 그 현상이 일어나지 않을까?'라는 식으로, 본질을 파악해야 한다는 것이다.

그런 식으로 '진정한 문제, 과제는 무엇인가'를 명확히 알아야 정확도 높은 가설을 수립할 수 있으며, 문제 해결을 위한 구체적인 방안도 고안할 수 있다. 그렇지 않으면 문제의 본질에 어설피 접근하게 되어 진정한 문제 해결로 이어지지 않는다.

업무의 본질을 꿰뚫는 5W1H

인터뷰를 진행할 때 실제 질문으로 활용하기 좋은 것이 '5W1H'이다.

인터뷰가 단순히 정보의 수집과 축적으로 끝나지 않도록 하려면, 'Who(누가)', 'When(언제)', 'Where(어디서)', 'What(무엇을)', 'Why(왜)', 'How(어떻게)'라는 식으로 질문을 던져야만 한다.

그렇게 질문을 할 수 있다면, '무슨 일이 벌어진 것인가?', '일어나고 있는 일의 본질은 무엇인가?'를 파악할 수 있게 된다.

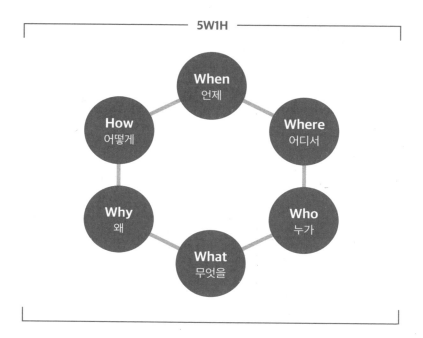

5W1H

When 언제
Where 어디서
How 어떻게
Why 왜
What 무엇을
Who 누가

　결과적으로 손님이 영업 담당자의 정기 방문을 원하지 않는다는 사실에서 '손님은 영업 담당자와의 친밀한 관계를 선호하지 않는다'라는 합리적인 가설을 수립할 수 있다.

　이 사례에서 당신은 '고객사인 딜러의 매출이 떨어졌으니 그 손님을 찾아가 인터뷰를 진행해 봐야겠다'고 생각했다. 이처럼 눈에 보이는 현상(사건)에 대해 대처하고 해결책을 고려하는 것을 '리액트(반응)형' 사고라 한다. 즉, 현재 나타나고 있는 문제에 대한 원인을 규명하여 해결책을 도출하는 것이다.

Who	누가	어떤 손님이 자동차를 구매하는가?
Why	왜	이 딜러로부터 손님이 차를 구매한 이유는 무엇인가? 차를 바꿀 때 이 딜러한테서 구매하지 않은 이유는 무엇인가?
What	무엇을	손님은 어떤 차종을 구매하였는가? 손님이 이 딜러에게 바라는 것은 무엇인가?
When	언제	어째서 이 시기에 구매하였는가? 언제까지 구매할 예정인가?
Where	어디서	구매한 차를 어디서 이용하는가?
How	어떻게	차를 구매할 때 어떤 식으로 정하였는가? 손님 혼자 결정했는가, 혹은 가족과 의논했는가?

이에 반해, '그래서 결국 무엇을 하고 싶은가?', '본래 나타나야 할 결과는 무엇이었는가?'라고 스스로 가설을 세우고 '현재 표면에 드러나 있지 않은 문제'를 파헤쳐 나가는 것을 '프로액티브(솔선)형' 사고라 한다.

일을 잘하는 사람은 항상 프로액티브형으로 질문한다는 점을 명심하도록 하자.

2장

진정한 문제를 밝혀내는
'So What?', 'Why So?'

인과관계와 상관관계의 차이

———

비즈니스뿐만 아니라 일상에서 일어나는 현상에는 반드시 어떠한 원인이 있다. 그런데 그 현상을 불러일으킨 진정한 원인을 찾지 않고 그저 눈앞에 있는 문제와 현상만으로 판단한다면 문제를 제대로 해결할 수 없다. 오히려 문제를 더 심각하고 복잡하게 만들 가능성이 크다.

문제 해결에 필요한 것은 어떤 현상을 해석할 때 '정말로 그러한가?'라는 의심이다. '애초에 진짜 문제는 무엇인가?', '애당초 무엇이 원인인가?', '도대체 무엇을 하고 싶은 것인가?' 이처럼 자신에게 질문을 던지면서 창조적이고 논리적으로 '진정한 문제'를 밝혀내야 한다. 그리고 '이슈issue'를 특정할 필요가 있다.

이슈란 일반적으로 '논점', '과제', '문제' 등으로 번역하지만, 문제 해결 과정에서는 논리를 구조화할 때 '무엇을 생각하고 논해야 할 것인가'를 가리킨다. 이 책에서는 문제 해결의 단서가 된다는 의미를 담아 '가장 중요한 과제'라고 정의하겠다.

이슈를 특정할 때는 '무엇을 생각해야 할 것인가?', '상대의 관심사는 무엇인가?'에 대해 숙고하여, 고찰하고 논의하는 목적을 명확히 해야 한다. 만약 이슈의 특정이 잘못되었다면 아무리 치밀하게 논리를 구성해 봤자 쓸모없어질 뿐이다. 따라서 이슈를 특정할 때는 사물과 현상의 '인과관계'를 파악하는 것이 매우 중요하다.

인과관계란 '원인'과 그 원인이 초래한 '결과'를 뜻하며, A라는 원인이 있었기 때문에 B라는 결과가 나왔다고 간주할 수 있는 관계를 가리킨다.

인과관계와 함께 사용되는 표현 중에 '상관관계'가 있다. 이 두 가지는 비슷해 보이지만 의미는 다르다. 혼동하지 않도록 주의하자.

둘의 차이는 다음과 같이 나타낼 수 있다.

인과관계	결과에 대해 직접적인 원인이 되는 관계
상관관계	결과에 대한 관련성이 있으며 원인이 될 가능성도 있으나, 직접적인 원인이라고 단정할 수는 없는 관계

예컨대 A라는 현상과 B라는 현상에 'A의 수치가 상승했더니 B의 수치도 상승했다'라는 어떠한 상관관계가 있다고 하더라도, 단순히 'A 수치의 상승이 원인이 되어 B의 수치가 상승했다'라고 확실하게 말할 수는 없다.

상관관계가 있다고 하여 인과관계가 있다고 판단할 수는 없는 것이다.

원인과 결과를 명확히 하면 해결책이 보인다

예를 들어, '비 오는 날은 전철이 지연되는 경우가 많다'라는 현상이 있다고 하자. '비 오는 날'과 '전철이 지연되는 경우가 많다'는 인과관계인가, 상관관계인가, 혹은 전혀 관련성이 없는 것인가에 대해 고찰하기 위한 요소를 나열해 보자.

❶ 비 오는 날은 전철이 속도를 낼 수 없다

❷ 비 오는 날은 승객이 늘어나기 때문에 평소보다 승하차에 시간이 걸린다

❸ 비 오는 날은 우산 등의 짐이 늘어나서 승하차가 번거로워진다

❹ 비 오는 날은 역 구내 및 플랫폼에서 달릴 수 없어서 전철 문이 닫힐 때 타는 승객이 많다

현 단계에서는 '이것이 비 오는 날 전철이 늦어지는 이유다. 이를 개선하면 된다'라는 '이슈'를 특정하기 어렵다.

따라서 그다음으로는 이들 요소를 'So What?(그래서 어떻게 되었는데?)', 'Why So?(왜 그렇게 되었지?)'라는 프레임워크를 이용하여 살펴보도록 하자.

'So What?(그래서 어떻게 되었는데?)'은 어떤 현상이 일어났을 때 그로 인해 어떤 결과가 나타났는지를 묻는 것이다.

한편, 'Why So?(왜 그렇게 되었지?)'는 어떤 현상이 일어났을 때 그것이 일어난 원인이 무엇인지 묻는 것이다. 이렇게 하면 원인과 결과를 명확히 구분할 수 있고, 해결책을 도출할 수 있다.

그럼, 1의 '비 오는 날은 전철이 속도를 낼 수 없다'에 'So What?(그래서 어떻게 되었는데?)', 'Why So?(왜 그렇게 되었지?)'라는 질문을 던져 보도록 하자.

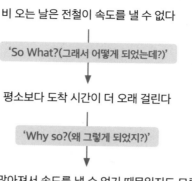

비 오는 날은 전철이 속도를 낼 수 없다

'So What?(그래서 어떻게 되었는데?)'

평소보다 도착 시간이 더 오래 걸린다

'Why so?(왜 그렇게 되었지?)'

승객이 많아져서 속도를 낼 수 없기 때문일지도 모른다

하지만 이것은 자신이 그렇게 생각한 것일 뿐(승객이 많아져서 속도를 낼 수 없다)이며, 인과관계(원인→결과)가 있다고는 할 수 없다.

요컨대 '비 오는 날은 전철이 지연되는 경우가 많다'라는 현상에 대해 '비 오는 날은 전철이 속도를 낼 수 없다'는 상관관계가 있다고 볼 수 있어도, 인과관계가 있다고 할 수는 없다.

실제로 폭우나 태풍 등의 상황이라면 속도 규제가 시행될 때도 있지만, 일반적인 강우량이라면 평소의 속도로 운행한다. 전철 자체가 속도를 낼 수 없어서 지연되는 것이 아니라, 다른 요인으로 인해 운행 시간표가 흐트러진 것이라고 할 수 있다.

'So What?(그래서 어떻게 되었는데?)', 'Why So?(왜 그렇게 되었지?)'라는 질문을 던졌을 때 어딘가 막다른 길에 접어들었다면(상기 사례의 경우, '승객이 많아져서 속도를 낼 수 없을지도 모른다'), 그것은 문제 해결로 이어지는 이슈나 가설이 아직 수립되지 않았다는 것을 뜻한다.

업무의 본질을 찾는 '왜'

그럼 다음은 2인 '비 오는 날은 승객이 늘어나므로 평소보다 승하차에 시간이 걸린다'라는 요소를 살펴보자.

비 오는 날은 승객이 늘어나기 때문에 평소보다 승하차에 시간이 걸린다

'Why So?(왜 그렇게 되었지?)'

평소에는 도보와 자전거로 통근, 통학하는 사람들이 전철을 이용한다
전철 지연을 예상한 승객들이 평소보다 빨리 승차하려고 한다

'So What?(그래서 어떻게 되었는데?)'

비 오는 날은 승객이 늘어날 뿐 아니라,
우산 등의 짐이 많아져서 승하차에 시간이 걸린다

'So What?(그래서 어떻게 되었는데?)'

승하차에 시간이 걸리면 정차 시간이 길어지고 전철 지연이 발생한다

이 경우, 화살표로 이어 나간 요소들이 서로 관련성을 가지며, '비 오는 날은 전철이 지연되는 경우가 많다'라는 현상의 직접적인 원인과 결과로 연결되고 있다.

이처럼 'So What?(그래서 어떻게 되었는데?)', 'Why So?(왜 그렇게 되었지?)'라는 인과관계를 의식한다면 훨씬 치밀한 사고를 할 수 있으며 문제 해결의 속도도 향상된다.

만약 맥킨지 출신인 사람에게 '맥킨지의 프레임워크 중에 가장 기억에 남는 것은?'이라고 물어본다면 100명 중 100명이 'So What?(그래서 어떻게 되었는데?)'이라고 답할 것이다.

실제로 맥킨지에 입사한 시점부터 모든 구성원이 'So What?(그래서 어떻게 되었는데?)'을 철저히 주입받는다. 그야말로 눈뜰 때부터 잠들 때까지 'So What?(그래서 어떻게 되었는데?)'을 생각하며, 클라이언트(고객)를 대할 때는 물론 사내에서도 'So What?(그래서 어떻게 되었는데?)'을 항상 의식한 결과물과 보고서, 프레젠테이션을 요구받는다.

단, 이러한 방식이 맥킨지만의 전매특허는 아니다. 예컨대 일본 1위 자동차 제조사인 토요타에서도 'WhyWhy 분석'이라는, '왜'를 5번 반복하는 방식이 기저에 깔려 있다. '왜'를 반복하여 질문하는 과정에서 문제의 본질을 찾아내고 진정한 원인을 명확히 알아낼 수 있기 때문이다.

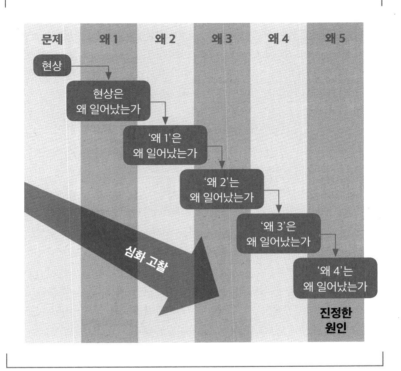

직장 내 인간관계 고민도 해결한다

다른 프레임워크와 마찬가지로 'So What?(그래서 어떻게 되었는데?)', 'Why So?(왜 그렇게 되었지?)'는 다양한 방면에서 응용할 수 있다.

예를 들어 당신이 '상사와의 인간관계로 고민 중이다'라고 가정하

고, 'So What?(그래서 어떻게 되었는데?)', 'Why So?(왜 그렇게 되었지?)'
를 활용하여 다음과 같이 정리해 보자.

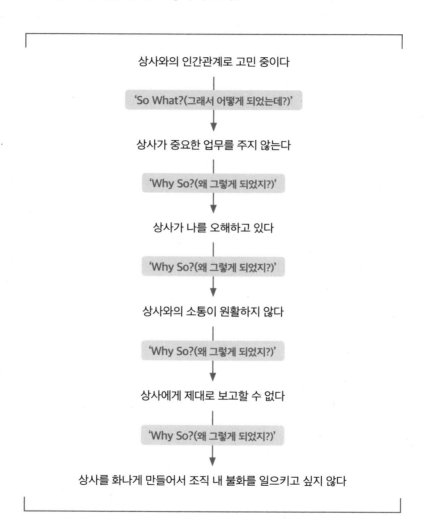

이처럼 'So What?(그래서 어떻게 되었는데?)', 'Why So?(왜 그렇게 되었지?)'를 활용하여 상황을 정리해 보니 '상사에게 제대로 보고할 수가 없다'라는 과제가 떠올랐다.

이슈를 찾는다면 문제 해결도 가능하다

문제가 보이기 시작했다면 그것만으로도 해결에 한 걸음 다가갔다고 할 수 있다. 숨겨진 '이슈(가장 중요한 과제)'가 표면에 떠오르도록 만들면 문제 해결이 한결 쉬워진다.

조금 전에 예로 든 '왜 상사에게 제대로 보고할 수가 없는가?'에 대해 알아보자면, 자신의 마음속에 '상사의 분노를 사고 싶지 않다', '조직 내 불화를 일으키고 싶지 않다'라는 생각이 강하기 때문이라고 할 수 있다.

요컨대, 상사에게 혼나거나 미움받는 것을 두려워한 나머지, 전달해야 할 내용을 제대로 전하지 못하는 문제가 발생했다.

또한, 조직 내 불화를 일으킬 바에는 침묵하는 편이 낫다고 판단하여, 상사에게 제대로 보고하지 못했다는 사실도 드러났다. '불화를 일으키고 싶지 않다'고 자신에게 '마음의 수갑'을 채운 것이 근본적인 과제였음을 알 수 있다.

그렇다면 이러한 '불화를 일으키고 싶지 않다'라는 마음가짐을 어떻게 해야 할지 살펴보고 답을 찾아보자.

진짜 질문이 현상의 본질을 찾는다

———

지금까지는 직장인 사례를 주로 다루었지만, 'So What?(그래서 어떻게 되었는데?)', 'Why So?(왜 그렇게 되었지?)'는 업무 이외에도 다양하게 활용될 수 있다.

예컨대 친구로부터 "영어 회화를 마스터하고 싶은데 A라는 어학원이 좋을지 B라는 개인 교습이 나을지, 어느 쪽이 괜찮은지 네 의견을 듣고 싶어"라는 상담 요청을 받았다고 하자.

이 경우, 질문은 'A 어학원에 갈지, B 개인 교습을 할지'라는 내용이지만, 그 상태로는 진정한 과제가 드러나지 않는다. 왜냐하면 친구가 '영어 회화를 마스터하고 싶어 하는 이유'를 알 수 없기 때문이다.

위 질문은 '가짜' 질문이다. 업무에서도 어떤 질문을 받았을 때 그 질문이 진짜인지 아닌지 간파해 내는 습관을 들이는 것이 좋다. '진짜' 질문은 현상의 본질을 꿰뚫어 적절한 판단을 내리게 한다. 처음부터 진짜 질문에 대해 고찰을 시작하게 되면 불필요한 시간 소모를 줄일 수 있다.

자, 이제 당신도 친구에게 'So What?(그래서 어떻게 되었는데?)', 'Why So?(왜 그렇게 되었지?)'를 활용하여 질문해 보자.

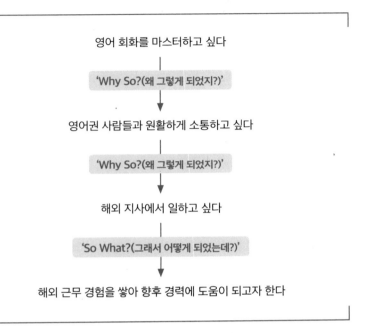

영어 회화를 마스터하고 싶다

‘Why So?(왜 그렇게 되었지?)’

영어권 사람들과 원활하게 소통하고 싶다

‘Why So?(왜 그렇게 되었지?)’

해외 지사에서 일하고 싶다

‘So What?(그래서 어떻게 되었는데?)’

해외 근무 경험을 쌓아 향후 경력에 도움이 되고자 한다

‘영어 회화를 마스터하고 싶다’라는 소망의 배경에는 ‘해외 지사에서 일하고 싶다’라는 진짜 목적이 있었다. 영어 회화를 마스터할 수만 있다면 ‘A라는 어학원’이든 ‘B라는 개인 교습’이든 상관없는 셈이다.

그 후 이어진 대화를 통해 친구가 다니고 있는 회사에 1년간의 해외 유학 제도와 그보다 단기인 유학 제도가 있다는 것을 알게 되었다. 그런 제도를 이용하여 영어 회화 능력을 향상하는 방법 또한 가능할 것이다. 유학하는 나라에서 여러 가지 경험을 쌓고 견문을 넓힌다면 해외 전근에도 도움이 될지 모른다.

이처럼 질문을 던져 가면서 상대방이 인식하지 못하고 있는 다른 선택지를 제안하는 것도 가능하다.

해결하고 싶다면 현상에 집중하라

———

다른 사례도 살펴보도록 하자.

상사로부터 "A 상품의 매출이 떨어지고 있는데, 원인을 찾아 해결책을 마련해 보게"라는 지시를 받았다고 하자. 그럼, 지금까지와 마찬가지로 'So What?(그래서 어떻게 되었는데?)', 'Why So?(왜 그렇게 되었지?)'를 활용하여 이 문제에 도전해 보자.

먼저, 'A 상품의 매출이 떨어졌다'라는 현상이 있다.

많은 사람이 흔히 하는 착각은 'A 상품의 매출을 올리자'라는 결론을 내고 '해결책을 찾아냈다'라고 생각하는 것이다. 이것은 동어 반복에 지나지 않으며, 해결책이 될 수 없다.

그리고 'So What?(그래서 어떻게 되었는데?)', 'Why So?(왜 그렇게 되었지?)' 프레임워크를 적용했으나, 다음과 같은 실수를 범하는 경우도 있다.

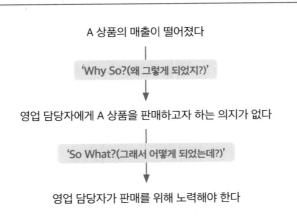

이 경우, 문제점은 '영업 담당자에게 A 상품을 판매하고자 하는 의지가 없다'이며, 그 현상을 역으로 생각하여 '판매를 위해 노력해야 한다'라는 결론을 내린 것뿐이다. 따라서 어떻게 영업 담당자에게 동기 부여를 촉진할지에 대한 관점은 빠져 있다.

결국 현상을 뒤집어 놓았을 뿐 대책이라고는 할 수 없다. 진짜 원인에 대한 해결책을 찾아야 하는데, 벌어진 현상 앞에서 눈을 감아 버린 것이다.

구체적인 방안이 떠오를 때까지 계속 질문한다

이 문제에 대해 조금 더 깊게 파고들어 볼 필요가 있다.

A 상품의 매출이 떨어졌다고는 하지만, 모든 영업장에서 떨어졌다는 것은 아니다. '어디서 매출이 떨어졌을까?'라는 관점에서 조금 더 구체적으로 알아보니, '지방에서의 매출이 큰 폭으로 하락하고 있다'라는 것을 알게 되었다.

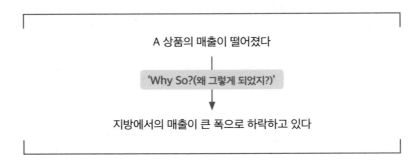

이처럼 지방에서의 매출 하락이 A 상품 전체의 매출 감소를 일으켰다는 것을 알게 되었고, 그 결과 '지방에 대한 특별 조치가 필요하다'고 인식하였다.

그럼, 구체적인 대책을 수립할 수 있도록 더 깊이 파고들어 보자.

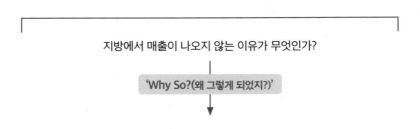

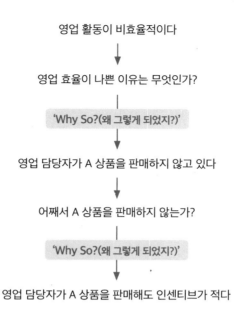

영업 활동이 비효율적이다

↓

영업 효율이 나쁜 이유는 무엇인가?

'Why So?(왜 그렇게 되었지?)'

영업 담당자가 A 상품을 판매하지 않고 있다

↓

어째서 A 상품을 판매하지 않는가?

'Why So?(왜 그렇게 되었지?)'

↓

영업 담당자가 A 상품을 판매해도 인센티브가 적다

여기까지 파고 내려가니 마침내 구체적인 해결책으로 이어질 만한 문제점이 드러나기 시작했다. 요컨대 '영업 담당자가 A 상품을 판매했을 때의 인센티브를 더 많이 지급한다'라는 것이 해결책이 될 수 있다.

시야를 넓혀 빠짐없이 검토한다

일단 지방의 영업 담당자가 A 상품을 적극적으로 판매하지 않는 이유는 알았지만, 도시의 영업 담당자가 A 상품을 적극적으로 판매하는 이유는 모르는 상태다. 확인해 보니, 도시에서는 A 상품의 매출이 크게 변동이 없다고 한다.

여기서 당신은 이상하게 생각할 것이다. 인센티브 체계는 모든 지역이 똑같으므로 도시의 영업 담당이 A 상품을 판매하여 얻게 되는 인센티브는 지방과 다르지 않다. 그럼 왜 도시의 영업 담당자는 A 상품을 적극적으로 판매하고 있을까?

그 의문을 해소하기 위해 조사를 계속 진행해 보자. 먼저 도시의 영업점을 방문하여 A 상품이 잘 팔리는 이유에 대해 물어보았다. 그랬더니 도시에서는 A 상품과 B 상품을 결합하여 판매하고 있다는 것을 알게 되었다. B 상품은 마진이 크고 인센티브도 많아서 영업 담당자가 적극적으로 세트 상품을 판매하고 있던 것이다.

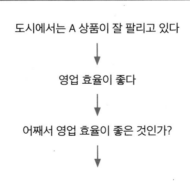

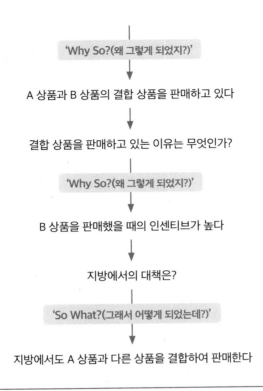

'Why So?(왜 그렇게 되었지?)'

↓

A 상품과 B 상품의 결합 상품을 판매하고 있다

↓

결합 상품을 판매하고 있는 이유는 무엇인가?

'Why So?(왜 그렇게 되었지?)'

↓

B 상품을 판매했을 때의 인센티브가 높다

↓

지방에서의 대책은?

'So What?(그래서 어떻게 되었는데?)'

↓

지방에서도 A 상품과 다른 상품을 결합하여 판매한다

그런데 여기서 새로운 과제가 등장한다. B 상품은 도시의 고객을 대상으로 한 상품이기 때문에, 지방에서 A 상품과 B 상품을 결합하여 판매한다고 하여 상황이 호전된다는 보장이 없다는 것이다. 오히려 결합 상품으로 B 상품을 강매하는 것 같은 인상을 주게 되면 고객이 이탈할 가능성도 있다. 그래서 당신은 지방 고객을 대상으로 한 C 상품을 결합하여 판매하는 것을 검토한 다음, 상사에게 현황을 보고

하면서 그 해결책으로 결합 상품 판매를 제안하였다.

이처럼 프레임워크에 따라 적절히 고찰하지 않으면, '상품이 별로라서 안 팔린다', '상품의 스펙이 경쟁사에 비해 떨어지니 이를 개선해야 한다', '경쟁사는 판매 촉진 활동을 적극적으로 하니까 우리도 뒤떨어지지 않도록 PR 및 광고 비용 예산을 증액하자' 등의 엉뚱한 결론으로 빠지기 쉽다.

아무리 거액을 들여 새로운 계획을 수립하고 실행해 봤자, 근본적인 원인을 모른다면 전혀 효과가 나타나지 않는다.

'So What?', 'Why So?' 프레임워크는 자기 스스로 폭넓은 시야를 가지고 현상을 빠짐없이 검토하고 있는지 아닌지를 확인하기 위한 도구이다.

3장

문제 해결책을 체계적으로 검토하는 '로직 트리'

문제를 해결하려면 2가지를 알아야 한다

이 장에서는 당신이 직면한 다양한 질문과 과제를 해결하기 위해 무엇을 해야 하는지, 어떤 사고와 행동을 취해야 할지에 대해 알아보도록 하자.

비즈니스든 일상에서든, 문제가 잘 해결되지 않는 이유 중 하나로 그 문제의 배경과 구조를 명확히 하지 않았다는 점을 들 수 있다.

예컨대 어떤 기업에서 '야근이 많다'라는 문제에 대해 단순히 '야근 없는 날을 만든다'라는 해결책을 냈다고 하자.

이 해결책으로 효과를 볼 수도 있지만, 근본적인 문제점과 그 구조를 파악하지 않는다면, '오늘은 야근 없는 날이니까 남은 업무는 내일로 미루고, 내일 야근하자', '오늘은 야근하면 안 되는 날이니까 업무를 집에 갖고 가서 마무리해야겠다' 등, 다른 날 야근을 하거나 야근 수당 없이 잔업을 하는 경우가 생길 수 있다.

인원에 비해 업무의 절대량이 많을 때는 야근 시간을 줄이는 것 자체가 어렵다. 겉으로 보기에는 야근이 줄어든 것 같지만, 1인당 업무량은 변하지 않기 때문이다.

이럴 때, 인원을 늘리거나 업무의 절대량을 줄이지 않는 한 '야근이 많다'라는 과제를 해결할 수 없을 것이다. 즉, 야근이 많은 원인을 철저하게 규명하고 나서 해결책을 세워야 한다.

다음 사례에 대해 생각해 보자.

'이 차를 사야 할까?', '이 사람과 결혼해도 될까?'라는 질문을 던졌을 때, 당신이라면 어떤 식으로 생각할 것인가.

'이 차는 속도감과 운전대 조작감은 뛰어나지만, 디자인이 별로야', '저 사람은 진정성 있고 성실하지만, 같이 있을 때 재미가 없어'라는 식으로, 여러 가지 떠오르는 생각을 체크할지도 모른다.

이것이 취미 이야기거나 친구와의 격의 없는 대화라면 큰 문제가 없다. 하지만 사업이나 인생을 좌우할 만한 중요한 의사 결정이거나,

큰 규모의 투자에 대한 결단이라면, 생각나는 대로 아무렇게나 검토하는 것은 리스크가 크며 효율도 나쁘다.

누락 및 중복 없이 필요한 내용부터 정리해 나가는 것이 중요하지만, 두서없이 생각하다 보면 정말 필요하고 검토해야 할 항목을 누락 및 중복 없이 나열하는 것 자체가 어려워진다. 그리고 만약 누락된 항목이 중요한 내용이었을 경우, 적절한 판단이나 의사 결정을 내릴 수 없게 된다.

서문의 MECE에 대한 설명에서도 언급했지만, '누락 및 중복 없이 모든 것을 포함한다'는 것은 문제 해결에 필수적이다.

큰 문제를 작은 요소로 분해한다

그럼 '로직 트리'를 활용하여 구체적으로 생각해 보자. 로직 트리란, 전제되는 현상을 포함한 대문제를, 그 문제에 연관된 두 가지 이상의 요인(소문제·요소)으로 잘게 분해하는 프레임워크다.

글자 그대로 큰 나무의 줄기로부터 여러 가지 요인이 가지치듯 나누어지는 양상이어서 로직 트리라고 한다.

로직 트리를 활용하여 '청소기 구입'을 검토한다고 가정해 보자. 그러면 다음 페이지의 표처럼 분해할 수 있다. 연립 주택에 사는 사람은 방음이 잘되는 것을 중시할지도 모르고, 여성이라면 무게와 조작성을 고려할지도 모른다. 또한, 동물을 기르는 사람은 털을 잘 빨아들이는지(흡인력)에 주목할지도 모른다.

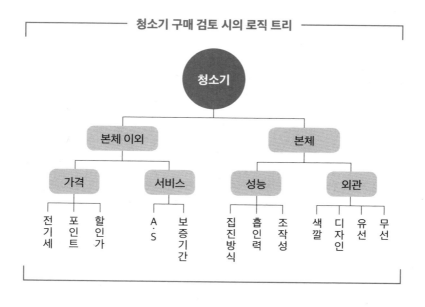

표를 보면 주요 검토 항목으로 나뉘어 있음을 알 수 있다. 로직 트리를 더 자세히 분해해 보면 조작성의 하위 요소로 중량이나 방음을 추가하거나 집진 방식 하위 요소로 사이클론식 및 종이팩을 추가하는 등, 더욱 잘게 나누는 것도 가능하다.

가장 관심도가 높은 항목만 판단 기준으로 삼아 청소기를 구매한다면, 나중에 '이렇게 무거웠나', '종이팩 교환이 번거롭네', '아래층 주민이 소음으로 신고할까 봐 심야에는 쓸 수가 없네' 등의 후회를 할 수도 있다.

그렇게 되지 않기 위해서라도, 로직 트리를 통해 작은 요소로 분해하여 구입에 필요한 조건을 상세히 나열해 보자.

로직 트리를 활용하면 사고의 실패를 예방한다

그럼 이어서 '청소기 구입' 로직 트리에 관해 생각해 보자.

로직 트리를 살펴보면, 처음에는 청소기를 '본체'와 '본체 이외'로 나누었고, 다음 층에서는 본체를 '외관', '성능'으로, 본체 이외를 '서비스', '가격'으로 나누었다. '본체 이외'라는 항목에는 '보증 기간', '애프터서비스', '할인가' 등의 항목까지 두루 추가할 수 있다.

요컨대 로직 트리를 활용하면 판단할 때 빠지기 쉬운 '사고의 실패'를 방지할 수 있다.

'경험과 감만 믿고 판단한 바람에 실패했다', '중요한 검토 항목이 빠져 있던 것을 지나쳐 버려서 실패했다', '중요하다고 여겼던 것이 사실 그렇지 않았고, 불필요한 설문 조사와 리서치에 시간을 허비했다', '당면한 문제에 치중한 나머지, 전체를 살피지 못해 실패했다' 등은 의사 결정에서 자주 발생하는 실패 사례다. 하지만 이런 실패는 로직 트리를 활용하여 미리 방지할 수 있다.

생선을 손질할 때는 식칼과 도마 등의 조리 도구, 집을 세울 때는 끌과 대패 등의 공구가 필요한 것처럼, 문제를 해결할 때는 로직 트리 등의 사고 도구(프레임워크)가 꼭 필요하다.

주의 사항 ①: 누락과 중복 없이 분해한다

문제나 대상을 분해하여 로직 트리를 만들 때, 주의해야 할 점 세 가지가 있다.

첫 번째는 누락 및 중복 없이 분해하는 것이다. 특히, 문제나 대상을 자세히 검토하기 위해서는 '절대로 빼서는 안 될 요소'를 반드시 포함해야 한다.

예컨대, 고객을 수도권 거주와 그 이외로 분해한다면 누락이나 중복은 발생하지 않는다. 또한 연령대로 나누는 경우도 마찬가지다. 하지만 고객을 '아웃도어 애호가'와 '등산 애호가'로 분해한다면 누락과 중복이 생기게 된다.

왜냐하면 '등산'은 '아웃도어'에 포함되므로 이미 중복이 발생한 상태고, '아웃도어 애호가' 중에는 '낚시 애호가', '해양 스포츠 애호가', '여행 애호가' 등도 포함되므로 '아웃도어'와 '등산'을 같은 단계로 구분할 수 없기 때문이다.

다른 사례를 좀 더 살펴보자.

어떤 공업품 제조사에서 불량이 발생했다고 하자. 불량이 발생한 이유를 파악하기 위해 제조 공정별로 나누어 A 공정, B 공정, C 공정을 각각 분석했다. 하지만 이것만으로는 '진정한 원인'에 도달하지 못할 수도 있다.

그 이유는, 공정을 각각 분석할 경우, A 공정에서 만든 것을 B 공정이 이어받고, B 공정에서 만든 것을 C 공정이 이어받는 '인수인계' 공정이 누락되기 때문이다.

A 공정에서 C 공정에 이르는 과정은 다음의 그림에 나타나 있다.

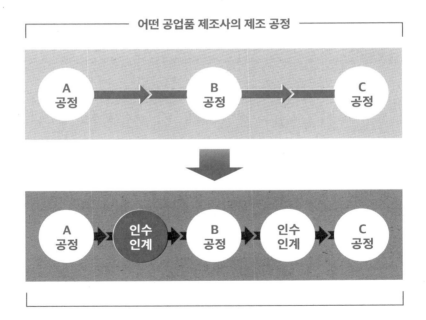

어떤 공업품 제조사의 제조 공정

A 공정에서는 지시서에 따라 부품을 만들며, B 공정에서는 그 부품을 이용해 지시서에 따라 조립 작업을 진행한다. C 공정도 마찬가지로, B 공정의 부품을 갖고 조립 작업을 한다. 이런 상황에서 A 공정과 B 공정, C 공정을 개별적으로 분석하면 불량품이 발생한 원인을 알 수 없다.

따라서 A→B, B→C라는 인수인계 공정도 포함하여 조사한 결과, A 공정에서 사이즈가 약간 다른 부품을 만드는 경우가 있어서 B 공정의 부품 상자에 담을 때 다른 사이즈의 부품이 섞여 들어가고 있다는 것을 알게 되었다. 즉, 인수인계 공정에서의 과실이 원인이었다.

이에, 과실을 방지하기 위해 부품 상자 자체를 개선하여, 부품이 섞여 들어가지 않도록 칸막이를 설치하였다.

로직 트리 상에 누락 및 중복이 있을 경우, 해결책의 효과가 떨어지거나 다시 처음부터 하게 되어 시간 낭비가 커지므로 항상 누락 및 중복이 없는지 생각해 보는 습관을 들이도록 하자.

하지만 누락 및 중복이 없도록 하는 것 자체를 목적으로 해서는 안된다. 목적은 어디까지나 문제 해결이다. 이를 위해서는 중복보다 누락이 없도록 하는 것이 더 중요하다. 왜냐하면 누락된 부분에 문제의 원인이 숨겨져 있을 경우, 진정한 원인을 발견할 수 없게 되기 때문이다.

주의 사항 ②: 사실 기반으로 분석한다

두 번째는 '사실 기반으로 분석한다'이다. 어차피 인간이 하는 일이기 때문에 문제 해결에도 '감정', '취향', '주관'이 개입되기 쉽다.

경쟁사인 프랜차이즈 카페의 매출이 증가하는 것에 위기감을 느낀 상사가 부하 A와 B에게 각각 경쟁사의 매장 조사를 지시했다고 하자. 조사를 마친 두 사람은 다음과 같이 보고하였다.

A의 보고

평일에는 손님이 적었지만, 주말과 공휴일은 사람들로 북적거렸다. 그 결과 대기 시간도 길어졌다. 객단가도 주말과 공휴일이 더 높을 것으로 보인다. 커피 자체의 맛은 약간 쓴맛으로 맛있었다.

B의 보고

각 점포당 평일 손님은 하루 평균 240명 안팎으로, 주말 및 공휴일은 1.5배 많은 340명 정도였다. 대기 시간을 관찰하니 평일은 몇 분 정도였으나, 주말 및 공휴일은 10분 정도 걸렸다.

이용객은 모든 매장에서 20~30대가 70% 이상이었으며, 교외 매장은 60세 이상이 과반수 이상이었다.

어느 쪽이 사실 기반의 보고를 했는지는 일목요연하다. 동일한 현장에서 같은 데이터를 수집했더라도, 그곳에서 벌어지는 일에 대해 어떻게 인식하고 어떤 식으로 보고했는지에 매우 큰 차이가 있다.

A는 나름의 조사에 시간을 들였을지 모르지만, '사실에 기반하지 않은 감상'일 뿐이라 그 보고는 가치가 없다.

B의 보고처럼 주관을 배제하고, 가능한 객관적이며 중립적인 데이터를 수집하는 것이 중요하다. 그것이 그 후의 조사 및 이슈(가장 중요한 과제)의 검증과 해결책의 질까지 좌우하기 때문이다.

상사도 당연히 '왠지 모르지만 손님이 별로 없었다', '객단가는 주말이나 휴일이 더 높을 것 같다', '커피가 맛있었다' 등의 '의견'이 아닌 수치를 근거로 제시한 '사실'을 원할 것이다.

사실이 뒷받침되지 않으면 정확하게 상황을 판단할 수 없으며, 효과적인 해결책도 낼 수 없다. 만약 의견을 말하고 싶다면 사실을 먼저 제시하고 나서 전달하면 된다.

물론 자신이 마음속으로 느낀 것 전부를 억지로 참을 필요는 없다. 다만, 그 자체는 자신만의 주관에 불과하다는 것을 명심해야 하며, 어디까지나 객관적인 사실로 증명해야 한다. 문제 해결 과정에서는 이런 자세를 견지해야만 가치 없는 의견을 나열하는 사태를 피할 수 있다.

사실을 보고하면 상사는 대부분 "자네라면 어떻게 하겠나?"라고 물어볼 것이므로, 이때 의견을 제시하면 된다. 그리고 사실에 기반한 이슈를 지적한다면 상사의 신뢰를 얻는 것도 가능하다.

반복하지만 프레임워크를 활용할 때 토대가 되는 것은 '의견'이 아니라 어디까지나 '사실'이다. 당연히 로직 트리도 사실에서부터 출발해야 한다.

주의 사항 ③: 중요도가 낮은 경우 깊이 파고들지 않는다

세 번째는 '중요도가 낮은 경우 깊이 파고들지 않는다'이다.

로직 트리를 통해 문제를 분석하다 보면, 여러 가지 요인으로 가지가 펼쳐지게 된다. 그 요인 중에는 검토해 봤자 크게 의미 없는 것들도 포함되어 있다.

한편, 로직 트리로 문제를 분석하면 문제 구조 전체를 파악하여 중요도의 크기를 알 수 있다. 그러면 편견이나 감에 의존하여 중요도가 낮은 것을 검토하는 데 시간을 허비하는 사태를 막을 수 있다.

일반적으로, 모든 문제를 한꺼번에 해결할 수는 없다. 중요도가 낮은 사안에 매달려서 시간을 허비하기 전에 문제 해결을 위한 우선순위부터 정해야 한다.

3가지 관점에서 우선순위를 정한다

어떤 문제부터 착수해야 할지 우선순위를 정할 때의 포인트를 생각해 보자. 우선순위를 정할 때는 보통 '중요도', '긴급성', '확대 경향'이라는 3가지 관점에서 문제를 비교 검토한다.

중요도	문제가 초래하는 영향의 범위 및 크기를 말함 개인보다 부서, 부서보다 회사 전체에 걸쳐 있는 문제가 더 중요하다
긴급성	시간을 끌지 말고 조속히 착수해야 할 사안 긴급성이 높은 문제는 시간이 경과할수록 해결하기 어려워진다
확대 경향	시간의 경과와 더불어 문제의 범위 및 심각성이 커지는 것을 말함 방치하면 중대한 사태로 발전하기 쉽다

이외에도 비용 및 재발성(방치하면 반복하여 일어나는 것)을 중시하여 문제에 대응해야 할 경우도 있다. 또한, 조직과 사례에 따라 평가 기준을 달리해야 할 때도 있다.

다음 사례를 통해 우선순위를 정할 때의 흐름에 대해 생각해 보자.

어떤 문제가 발생하여 그 원인으로 여겨지는 것을 3가지 찾았다고 생각해 보자. 그 3가지 원인을 동시에 해결할 수 없을 때는 중요도, 긴급성, 확대 경향을 평가하여 점수를 매기고, 그 점수를 바탕으로 비교 검토해야 한다.

	원인 A	원인 B	원인 C
중요도	○	○	○
긴급성	△	○	×
확대 경향	○	×	△
결과	5점	4점	3점

이번에는 ○를 2점, △를 1점, ×를 0점으로 하여 비교해 보자.

그러면 결과적으로 가장 점수가 높은 원인 A의 문제에 착수한 다음, 원인 B와 원인 C 차례로 문제 해결에 임해야 할 것이다.

하지만 중요도나 확대 경향보다 긴급성을 우선할 경우, 긴급성이 높은 순서대로 원인 B, 원인 A, 원인 C를 다루어야 한다.

점수가 높은 순서대로 할지, 3가지 요소를 비교하여 판단할지는 그때 당시 문제가 어떤지에 따라 달라진다.

우선은 3가지 관점이 있다는 것을 명심하도록 하자.

문제를 깊게 파고들면 전체가 보인다

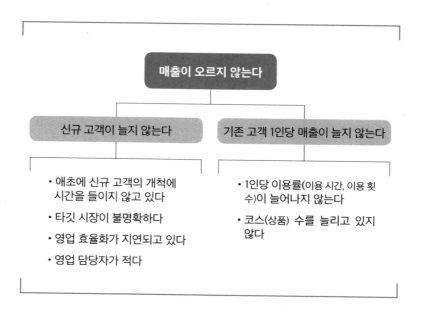

다른 사례를 통해 로직 트리에 대하여 생각해 보자.

당신은 어떤 피트니스 센터의 영업 담당자로 '매출이 늘지 않는다'라는 고민을 안고 있다. 먼저 왜 '매출이 늘지 않는지', 그 문제에 대한 원인을 로직 트리를 통해 파헤쳐 보자.

그다음 각 원인을 다음의 표와 같이 분석하여, 매출이 늘지 않는 원인에 대해 나열한 다음 해결책을 생각해 보는 것이다. 그러다 보면 로직 트리로 분석한 원인(문제점)에 대한 해결 방안이 떠오를 수 있다.

'매출이 늘지 않는다'라는 문제를 파헤쳐 보면 그 문제의 본질을 파악할 수 있다.

문제	해결책
코스(상품) 수를 늘리고 있지 않다	코스 이외의 옵션 상품을 늘린다
1인당 이용률(이용 시간, 이용 횟수)이 늘어나지 않는다	새로운 기구를 도입한다
영업 담당자가 적다	신규 고객을 담당할 직원 수를 늘린다
영업 효율화가 지연되고 있다	업무를 개선하여 시간 단축 및 효율화를 노린다
타깃 시장이 불명확하다	시장 세분화를 통해 타깃 고객층을 찾아낸다
애초에 신규 고객의 개척에 시간을 들이지 않고 있다	급여 체계를 바꾸어 신규 개척 시 인센티브를 늘린다

계속해서 문제를 분해하다 보면 '매출이 늘지 않는다'라는 문제에 여러 가지 요소가 있다는 것을 알게 된다. '먼저 신규 고객을 늘리는 데 시간을 들이지 않고 있다'가 진정한 문제일 가능성도 있고, '고객 1인당 이용률(이용 시간, 이용 횟수)이 늘지 않는다'가 진정한 문제일지

도 모른다.

　로직 트리로 문제를 분해하여 파고드는 것은 문제를 전체적으로 파악하여 본질이 무엇인지 명확히 하는 작업이다.

　이 과정에서 문제점을 찾게 되면 해결할 수 있는지 알아보고, 나아가 그 문제점을 질문 형태로 하여 새로운 로직 트리를 전개하면 문제를 '잘게 으깰 수' 있다.

가장 본질적이고 해결 시 영향이 큰 과제는 무엇인가?

　로직 트리를 활용하여 문제의 구조를 가시화했다면, 그다음에는 '가장 중요한 과제는 무엇인가'라는 '이슈'를 정해야 한다. 이는 바꾸어 말하면 '가설'을 수립한다는 것과 같다. 가설이란 그 시점에서 임시적인 아이디어이자 가정의 답변이다.

　그런데 가시화한 여러 가지 문제의 구조를 전부 분석, 검증하여 '어느 것이 가장 중요한 과제인가'에 대해 생각하다 보면 아무리 시간이 많아도 부족할 수밖에 없다.

　그러므로 가장 중요한 이슈를 그 시점에서의 가설로 설정하고 그것이 바른지 검증하는 것에서부터 출발하는 것이 좋다.

　가장 중요한 과제란 다시 말해서, '가장 본질적이면서 해결했을 경우 영향이 클 것으로 예상되는 과제'라고 할 수 있다.

| Yes! | 신규 개척을 해야 할까? | No! |

새로운 고객 수요에 맞는 프로그램을 개설한다면
기존 고객에게도 효과적일 것이다

지금 상태로는 매출에 변화가 없을 것이다

월정액 이용자 수가 늘면 매출도 증가한다

기존 고객의 만족도가 떨어질 가능성도 있다

현재 불황 국면이므로 신규 개척 자체가 어렵다

비용이 들어간다

조금 전의 피트니스 센터 사례에서 보자면, '매출이 늘지 않는다'라는 문제를 구조화해 가다 보니, 이 문제를 해결하는 이슈는 '기존 고객 1인당 이용률(이용 시간, 이용 횟수)이 늘지 않는다'가 아니라 '애초에 신규 고객이 전혀 늘지 않았다'일 가능성이 보이기 시작했다.

그렇다면 가설을 수립하여 이 이슈가 옳은지 아닌지 검증해 보도록 하자. 만약 옳다고 한다면 문제 해결은 바로 눈앞에 있다.

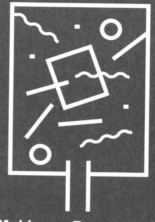

Mckinsey Framework

2부

마케팅 프레임워크

4장

3가지 관점에서
비즈니스 환경을 파악하는
'3C 분석'

시장과 경쟁 상황을 파악하여 자사의 전략을 도출한다

———

2부에서는 '마케팅', 즉 기업이 상품과 서비스를 판매하기 위해 어떠한 전략을 세워야 할지, 전략 입안에 도움이 되는 프레임워크에 대해 살펴보자.

이에 4장에서는 마케팅의 기본인 '3C 분석'을 다루려고 한다. 3C란 'Customer(시장, 고객)', 'Competitor(경쟁사)', 'Company(자사)'의 앞 글자를 딴 것으로, 마케팅적 문제와 과제를 3개의 C로 나누어 분석하는 방법이다.

'시장은 어떠한가?', '우리 회사에는 어떤 강점이 있는가?', '경쟁사는 어떠한가?' 등, 각각의 요소를 분석한 후 해결책과 개선 방안을 도출하는 방식을 취한다.

3C 분석은 맥킨지의 일본 지사 대표 이사였던 오마에 겐이치가 1980년대에 제창한 것으로, 저서인《전략적 사고 The Mind of the Strategist》에서 자세히 다루고 있다.

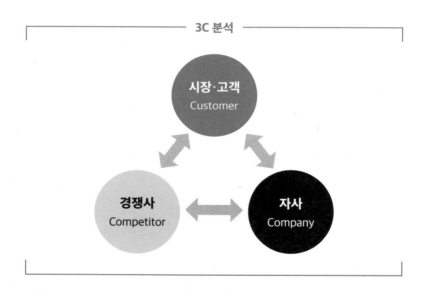

여기서 Customer를 시장과 고객 두 가지로 번역한 이유는 거시적인 관점에서 시장 전체를 봐야 할 때와 미시적으로 고객 하나하나에 초점을 맞춰야 할 때가 있기 때문이다.

3C 분석으로 자사가 어떤 비즈니스 환경에 처해 있는지 현황을 파악하여 과제의 발견 및 전략 입안 등에 활용할 수 있다. 또한, 여기서 초점을 더 좁혀 사업 기회를 찾아내거나 상품 개발 등에 활용할 수도 있는 프레임워크다.

구체적으로 시장과 고객을 분석할 때는 '사업과 상품에 시장이 존재하는가?', '주요 고객의 특징은 어떠한가?', '시장은 성장하고 있는가, 혹은 축소, 정체 중인가?'를, 경쟁사를 분석할 때는 '경쟁사는 어디인가?', '유력한 경쟁사의 강점 및 약점은 무엇인가?'를, 자사를 분석할 때는 '자사의 강점 및 약점은 무엇인가?', '경쟁에서 이길 수 있는 상품 및 사업을 갖고 있는가?' 등의 질문을 던져 가며 생각하는 것이 효과적이다.

나아가 시장과 고객, 경쟁사는 스스로 통제할 수 없는 '외부 요인', 자사는 스스로 통제 가능한 '내부 요인'으로 나눌 수 있다.

단, '자사' 분석을 진행하다 보면 매입처 및 외주처, 하도급, 판매 대리점 등으로 분석 대상을 가치사슬 전체까지 확대해야 하며, 자사와 거래 관계에 있는 기업 또한 대상이 된다는 점을 유념해야 한다.

또한 겐이치는 '시장은 존재하는가?', '경쟁에 이길 수 있는가?'라는 단 두 가지 질문만으로 기업 및 사업의 성공과 실패에 대해 예상한 바 있다. 그만큼 외부 요인인 시장과 고객, 경쟁사를 알고 자사가 어떤 비즈니스 환경에 있는지 고려하는 것이 중요하다는 뜻이다.

시장과 경쟁사의 변화를 놓치지 않는다

예컨대 상사가 '기모노 판매 시장과 우리 회사의 현황을 조사해 주게'라고 지시했다면, 당신은 어떤 정보부터 수집할 것인가.

무턱대고 정보를 모아 봤자 효율도 나쁘고, 어디서부터 손을 대야 할지 짐작도 할 수 없을 것이다. 또한, 정작 필요한 정보를 빠뜨리거나 쓸모없는 정보를 들고 고민하는 경우도 많다.

그런데 여기서 3C 분석 프레임워크를 활용하면 필요한 정보를 누락과 중복 없이 수집할 수 있다. 또, '그 작업을 해야 했는데 까먹었다', '그 상품과 서비스를 조사하지 않았다' 등의 깜빡하는 실수를 막을 수도 있다.

여기서는 3C에 따라 다음과 같이 정보를 수집해 보자.

시장·고객	기모노 관련 업계 전체의 성장률, 최근 10년간 트렌드 등의 정보
경쟁사	경쟁 제조사 및 판매점의 매출 데이터, 강점 및 약점 등의 정보
자사	자사의 매출, 시장 점유율, 강점 및 약점 등의 정보

이처럼 3가지 C로 나누어 정보를 수집하지 않으면 자사의 형편이 우선시되어 자사 위주의 분석 및 판단에 빠지기 쉽다.

결과적으로 다음과 같은 실패 사례가 나타나는 것을 나는 여러 차례 목격한 바 있다. 그렇게 되지 않으려면 3C를 항상 의식하여야 할 것이다.

자주 나오는 실패 사례

- 자사만 생각하느라 경쟁사를 고려하지 않아 이미 비슷한 상품이 있다는 것을 놓치고 말았다
- 시장을 제대로 관찰하지 않았기 때문에 나중에야 애초에 시장이 존재하지 않았다는 것을 깨달았다

다음으로 휴대용 음악 플레이어 사례를 통해 생각해 보자.

요즘은 휴대용 음악 플레이어의 역할을 스마트폰이 대신하고 있으므로 플레이어의 음색을 아무리 개선해서 판매해 봤자 소비자의 수요는 거의 없을 것이다. 스마트폰은 음악 플레이어뿐만 아니라 카메라, 게임기, 영상 플레이어, 차량용 내비게이션 등의 제품을 전부 몰아내었다.

스마트폰이 등장했을 때, 그로 인해 이들 제품이 몰락할 것을 예측한 사람은 많지 않았다. 그러나 얼마 되지 않아 범용성이 뛰어난 스

마트폰이 대체 서비스를 제공하면서 이러한 제품을 대신하게 됐다.

휴대용 음악 플레이어를 스마트폰이 대체한 것처럼, 영향력이 큰 대체 제품이 나오면 기업은 그 시장에서 철수할 수밖에 없다. 그러므로 3C 분석을 통해 시장 및 경쟁사의 동향과 변화를 '빠짐없이' 관찰하는 것이 매우 중요하다.

3C 분석 작업 예시

3C	작업 내용
시장·고객	시장 분석(규모, 성장 추이) 고객 세분화 고객 수요 분석 구조 변화 및 대표적인 이슈 조사
경쟁사	경쟁사와의 시장 점유율 비교 분석(추이) 대체 상품 및 서비스의 가능성에 대한 조사 경쟁사 강점(약점)의 분석 경쟁사 동향 조사 및 분석 경쟁사 전략 조사 및 분석
자사	매출 및 이익 분석(추이) 고객별 점유율 분석 브랜드 이미지 조사 이익률 및 비용 구조 분석 자사의 강점(약점) 분석

3C 분석의 예: 기모노 시장

3C 분석은 일단 시장 및 고객의 분석에서부터 출발한다. 시장을 모르면 자사 및 경쟁사의 분석이나 포지셔닝을 할 수 없기 때문이다.

그럼 다시 한번 '기모노 판매 시장과 자사의 현황을 조사해 달라'는 과제를 살펴보도록 하자.

기모노 관련 시장은 인구 감소와 기모노 착용의 번거로움 등으로 인해 최근 들어 축소를 거듭하고 있다. 2007년의 시장 전체 매출은 4,700억 엔이었으나 10년 후인 2017년에는 2,880억 엔으로 크게 감소했다. 제조사 및 도매상, 의류점 중에는 채산이 맞지 않아 도산하거나 철수한 기업도 늘어나고 있다.

하지만 미시적인 관점으로 보자면, 관광객이나 젊은 여성을 대상으로 한 기모노 대여 가게는 계속하여 증가하고 있다. 직접 착용하고 유지·관리하는 번거로움을 생략해 주는 대여 방식이 정착하면서 졸업식 등의 이벤트뿐만 아니라 SNS에 올릴 목적으로 이벤트가 없는 날에도 기모노를 입어 보고 싶다는 젊은 여성의 수요가 증가한 것이다.

요컨대 시장을 새로운 단면에서 본다면, 성장하는 시장도 있다는 것을 알 수 있다.

다음으로 경쟁사에 대해 생각해 보자.

예를 들어 판매 채널에 주목하면, 기모노 판매는 원래 행사장이나 가게를 중심으로 이루어졌으나 영상 콘텐츠와 SNS 등의 보급에 따라 제조사가 직접 인터넷으로 판매하는 경우가 증가하였다. 10만 엔 정도에 한 벌을 온전히 구할 수 있는 파격가 매장도 매출을 늘려 가고 있다.

한편, 일본의 대표 온라인 중고 거래 애플리케이션인 '메루카리 Mercari' 등을 통해 개인 간 거래도 증가 추세이며, SNS 등을 활용한 기모노 주고받기인 '공짜로 드려요 모임'의 취급 수도 증가하고 있다. 이렇듯 기존의 판매 채널을 이용하지 않는 시장도 매년 급속히 점유율이 높아지고 있다.

'공짜로 드려요 모임'과 중고 거래 애플리케이션의 출현은 3C 분석 작업 예시 중 '대체 상품 및 서비스의 가능성에 대한 조사'에 해당한다.

기존 채널과 경쟁 관계에 있는 파격 할인 판매 사업자의 출현과 개인 간 거래의 증가는 기모노의 가격 하락을 촉진한다.

또한, 상품의 가격 하락과 더불어 기존 시장의 축소가 진행 중이라는 점에도 주목할 필요가 있다.

플러스와 마이너스로 보는 'SWOT 분석'

마지막으로 자사에 대해 생각해 보자.

자사를 분석할 때는 '자사의 강점 및 약점은 무엇인가?', '경쟁 우위에 있는 신상품 및 사업을 보유하고 있는가?' 등의 질문을 던져 가며 생각해야 한다고 설명한 바 있는데, 이에 'SWOT 분석'이라는 프레임워크도 병용해 보려고 한다.

SWOT 분석이란 기업의 내부 환경을 '강점 Strength'과 '약점 Weakness', 외부 환경을 '기회 Opportunity'와 '위협 Threat'이라는 긍정적인 면과 부정적인 면으로 분석하는 프레임워크(앞 글자를 따서 SWOT 분석이라고 함)로, 비즈니스 전략의 수립과 경영 자원의 분배 등에 활용한다.

일반적으로 외부 환경은 시장과 업계, 법률 및 제도, 정치·경제·사회의 동향, 경쟁 상황 등을 들 수 있다. 한편, 내부 환경은 자사의 경영 자원 및 상품, 브랜드, 가격, 품질 등을 들 수 있다.

전략과 계획을 수립할 때는 외부 환경과 내부 환경을 모두 파악하고 분석해야만 한다. SWOT 분석을 제대로만 활용한다면 자사의 강점을 분명하게 파악하여 기회는 물론, 위협조차도 사업 기회로 삼을 수 있으며 힌트도 얻을 수 있다.

SWOT 분석

	플러스 요인	마이너스 요인
내부 환경	**S** (Strength) 강점	**W** (Weakness) 약점
외부 환경	**O** (Opportunity) 기회	**T** (Threat) 위협

외부 환경과 내부 환경을 분석하라

그럼 '기모노 판매 시장과 자사의 현황을 조사해 주게'라는 과제를 진행하기 위해, 자사의 상황을 SWOT 분석을 통해 살펴보자.

먼저 외부 환경인 '위협'과 '기회'에 초점을 맞춰 보자.

기모노 관련 업계뿐만 아니라, 최근에는 저출산 고령화로 인해 젊은 여성 인구 자체가 감소하고 있다. 거기다 조금 전 설명했듯이 기모노를 입는 기회는 졸업식이나 결혼식 등의 이벤트, 꽃꽂이와 다도 등의 강습 정도에 불과하다. 결과적으로 기모노 관련 시장은 매년 축소되는 경향이 있으며, 매출도 감소하고 있다. 이에 더해, 영상 콘텐츠와 SNS의 활용이 더딘 회사에 인터넷 판매 및 인터넷을 이용한 개인 간 거래는 커다란 위협으로 다가오고 있다.

그러나 한편으로는 영상 콘텐츠를 통한 상품의 소개 및 SNS를 이용한 마케팅, PR 활동 등을 기회로 삼으려는 기업도 있다. 이처럼 '기회'로 생각할지 '위협'으로 여길지 망설여질 때는 긍정적으로 기회로 삼도록 하자.

현재 일본을 방문하는 관광객은 매년 증가 추세로, 여성 관광객을 대상으로 한 기모노 대여 가게가 급증하고 있다. 젊은 여성들 또한 '인스타그램 사진발'을 잘 받는 기모노 차림을 동경하여 이벤트가 없는 평소에도 대여 가게를 이용하고 있다.

이어서 내부 환경인 '강점'과 '약점'을 비교해 보자.

자사의 강점은 전통 있는 제조사로서 '행사 및 점포에 특화. 그중 지방의 유서 있는 의류점 및 백화점과 강한 유대 관계를 맺고 있다', '꽃꽂이와 다도의 유파 본가와 가까우며, 매년 일정 규모의 발주를 받는다', '재료의 조달에서부터 디자인, 봉제, 유통, 판매까지 공급망을 갖추고 있다' 등을 들 수 있다.

	플러스 요인	마이너스 요인
내부 환경	**강점** • 행사, 점포에 강함 • 꽃꽂이 및 다도의 유파 본가와 가까움 • 재료의 조달에서부터 디자인, 가공, 유통, 판매까지 일관된 체제 • 실력 있는 장인들 보유 • 지방의 유서 있는 의류점과 거래 관계	**약점** • 저출산 고령화로 인해 주요 고객층인 젊은 여성이 감소 추세 • 인터넷과 SNS를 활용 못함 • 신흥 초저가 점포의 채널 약함 • 지방의 유서 있는 의류점과 백화점 판매력 저하
외부 환경	**기회** • 대여 가게의 인기 • 일본 방문 관광객 증가 • 인스타그램 사진발을 노리는 젊은 여성들이 대여 가게를 이용 • 경쟁사들은 저품질 염가 기모노를 제조, 판매 중	**위협** • 기모노 시장의 침체 장기화 • 저출산 고령화로 젊은 세대 감소 • 기모노는 이벤트에서만 입는 옷으로 인식, 일상적으로 입는 일이 줄어듦 • 기모노 제조사 및 도매점, 소매점의 폐업 및 도산 증가

반면에 약점은 '인구 감소가 진행되면서 타깃 고객층도 감소하는 중이다', '기존 판매 채널에만 의존한 나머지, 인터넷 판매와 SNS의 활용을 잘 못하고 있다', '최근 급속히 성장하고 있는 초저가 판매점

및 대여 가게에 대한 판매 채널이 약하다', '지방의 유서 있는 의류점과 백화점의 판매력이 저하되었다' 등을 들 수 있다.

이처럼 기존 판매 채널의 판매력과 매출이 떨어지는 한편, 새로운 기술 및 신규 판매 채널을 도입하지 못한다는 것을 알 수 있다.

분석을 하면 마케팅 전략이 보인다

이번에 상사가 지시한 것은 '기모노 판매 시장과 자사의 현황을 조사해 주게'인데, 3C 분석과 SWOT 분석을 통하니 자사가 취해야 할 마케팅 전략이 보이기 시작했다.

기모노 판매 시장에서는 젊은 여성과 일본 방문 관광객을 대상으로 한 대여 가게가 유행하고 있다. 경쟁사는 비싼 제품이 안 팔리는 상황이므로 비용을 절감한 저가형 기모노에 주력하는 중이다.

한편, 자사의 경우 실력 있는 장인들을 보유하고 있으므로, 대여 가게 대상으로 자사의 강점인 장인의 높은 기술을 살려 고품질의 '인스타그램 사진발'이 잘 받는 제품을 제공하는 것을 검토해 볼 수 있다.

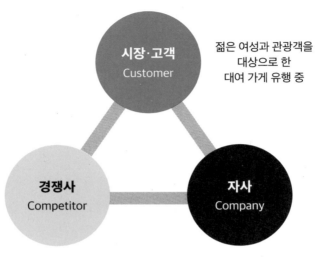

자사가 취해야 할 마케팅 전략

시장·고객
Customer

젊은 여성과 관광객을
대상으로 한
대여 가게 유행 중

경쟁사
Competitor

자사
Company

비싼 제품은 팔리지 않으므로
저품질 저가형 제품을 판매 중

베테랑 장인이 많아 기술력이 높고
일관된 공급망 확립 중

- 장인의 높은 기술력을 살려, 고품질에 사진발이 잘 받는 신제품을 대여 가게에 제공
- 거래처에 '사진발이 잘 받을 것'을 조건으로 하여 신소재 제공을 요청

삶에도 적용할 수 있다

지금까지 비즈니스에서 활용하는 것을 전제로 한 3C 분석을 해설했지만, 3C 분석은 개인적으로나 일상생활에서도 응용할 수 있다.

예컨대 어떤 여성이 맞선 파티에 참여한다고 할 경우, 그 여성은 어떠한 것을 고려하여 참가해야 할까? 실은 이 상황에서도 3C 분석이 유용하다.

'타깃(친해지고 싶은 남성)'이 될 '시장 및 고객'이 (되도록 잘생기고 멋있는) IT 회사의 사장 등 기업가라고 하자. 당연히 경쟁률은 높아질 수밖에 없다. 또한 외모에 자신 있는 또 다른 참가자 여성을 '경쟁사(라이벌)'라고 가정한다면, '자사(어떤 여성)'의 강점은 무엇일까. 일반 회사에 근무 중인 회사원일지라도 만약 '요리를 잘한다'라거나 '경청을 잘한다' 등의 장점이 있다면 '소통 능력이 좋다'를 강점으로 내세울 수 있을 것이다.

경쟁 상대가 될 다른 여성들이 자기 어필에 능할 수는 있어도 상대방의 말을 잘 들어 주는 커뮤니케이션 역량은 그렇게 높지 않을지도 모르기 때문이다.

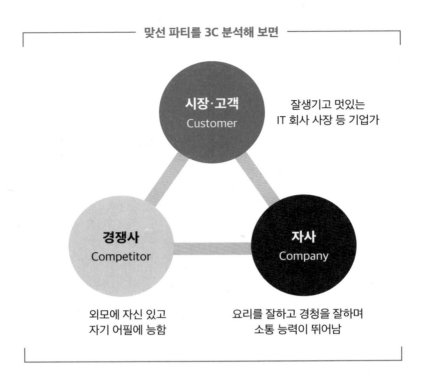

시장·고객
Customer

잘생기고 멋있는
IT 회사 사장 등 기업가

경쟁사
Competitor

자사
Company

외모에 자신 있고
자기 어필에 능함

요리를 잘하고 경청을 잘하며
소통 능력이 뛰어남

이어서 참가자 리스트 중에서 잘생긴 기업가뿐만 아니라 '상대방에게 바라는 점'으로 '요리를 잘하는 사람', '경청을 잘하는 사람'을 둘다 열거한 참가자만 뽑아 타깃 후보를 추리는 것도 가능할 것이다.

맞선과 비즈니스는 완전히 다른 세상이지만, 3C 분석을 이렇게도 활용할 수 있다. 3C 분석이 비즈니스에서만 통하리라 생각했다면 이 기회에 개인적인 여러 상황에 응용해 보길 바란다. 이는 다른 프레임워크도 마찬가지다. (※ 맞선 파티의 설정 사례는 어디까지나 예시다.)

정치, 경제, 사회, 기술,
4가지 단면으로 검토하는 'PEST 분석'

SWOT 분석을 통해 외부 환경을 분석할 때, 거시 분석인 'PEST 분석', 미시 분석인 '5Force 분석'을 함께 활용하면 정확도가 향상된다.

'마케팅의 아버지'로 불리는 필립 코틀러가 제창한 PEST 분석은 기업 및 조직이 처한 환경을 분석하는 방법이다. PEST 분석은 자사가 처한 거시 환경을 '정치적 요인Politics', '경제적 요인Economy', '사회적 요인Society', '기술적 요인Technology' 등, 4가지 단면으로 분석한다. 막연히 '위협은 무엇인가?', '기회는 무엇인가?'라고 생각하기보다, '정치적인 요인은 무엇일까?', '경제적인 요인은 몇 가지 들 수 있을까?' 등으로 검토하는 편이 구체적인 위협과 기회를 더 쉽게 도출할 수 있다.

'정치적 요인'이라고 하면 어렵게 들릴 수도 있지만, 구체적으로 말하자면 법률과 규제의 변경, 관할 관청의 감독권 등의 정부 관련 요인 등이 여기에 해당한다. 예컨대 전력의 완전 민영화 등은 시장 경쟁 규칙 그 자체를 변화시키므로 지극히 큰 영향을 미치는 사례라 할 수 있다.

'경제적 요인'이란 경제 성장률과 경기, 물가의 동향, 주가 및 외환

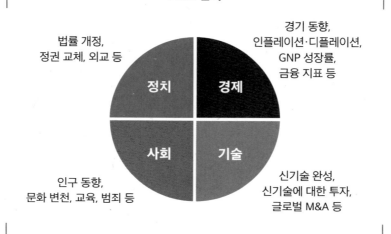

PEST 분석

법률 개정,
정권 교체, 외교 등

정치

경제

경기 동향,
인플레이션·디플레이션,
GNP 성장률,
금융 지표 등

사회

기술

인구 동향,
문화 변천, 교육, 범죄 등

신기술 완성,
신기술에 대한 투자,
글로벌 M&A 등

변동 등을 가리키며, 상품의 원가 및 가격, 이익에도 직결된다. 이 장에서 예로 든 기모노 관련 시장의 경우 일본 방문 관광객의 증가 등이 이에 해당한다.

'사회적 요인'이란 소비자의 라이프 스타일 및 생활 습관의 변화 등을 말하며, 기모노 관련 시장의 사례에서는 기모노가 이벤트 전용 복장이 되고 일상에서 잘 입지 않게 되었다는 것이 이에 해당한다.

또한 '기술적 요인'은 생산 기술의 개량 및 혁신과 IT화, 인공지능과 로봇의 보급, 상품 개발 및 마케팅 기술의 진화 등을 가리키며, 기모노 관련 시장에서는 인터넷 판매 및 SNS를 활용한 프로모션 등이 해당한다.

5가지 경쟁 요인으로 탐색하는 '5Force 분석'

───────

'5Force 분석'도 외부 환경 분석에 효과적으로, 외부 환경의 경쟁 요인을 탐색하는 데 쓰이는 프레임워크다. 경쟁 전략을 제창한 마이클 E. 포터는 경영 전략을 수립할 때 시장의 경쟁 상황, 요인에 주목해야 한다고 주장했다. 요컨대 '경쟁을 고려하지 않는다면 제대로 된 전략을 수립할 수 없다'고 강조한 것이다.

5가지 경쟁 요인 5Force이란 다음과 같다.

❶ 신규 진입자의 위협
❷ 판매자(공급자)의 협상력
❸ 구매자(고객)의 협상력
❹ 대체 상품 및 서비스의 위협
❺ 기존 기업과의 경쟁(경쟁사업자 = 경쟁사)

경쟁 요인에 대해 구체적으로 생각해 보자.

예컨대 스마트폰의 등장과 기모노 관련 시장의 중고 거래 애플리케이션, 대여 가게, 개인 판매자의 신규 진입 및 대체 서비스, 동종 상품을 제공하는 기존 기업이 위협임은 쉽게 이해할 수 있으나, 판매자와 구매자의 협상력은 무엇일까?

'판매자(공급자)'란 자사에 재료 및 부품, 서비스를 제공하는 회사를 말하지만, 판매자가 그 업계의 리딩 기업이거나 과점 기업일 경우에는 협상력이 높으며 매입 비용이 많이 들 수 있다.

그렇다고 해서 비용에 맞추어 상품 가격을 높게 설정하면 고객이 떠나갈지도 모르며, 반대로 상품 가격을 낮게 잡았다가는 자사의 이익이 감소하게 된다. 결국 둘 다 경쟁력 저하로 이어지기 때문에 경쟁 요인 중 하나로 인식하는 것이다.

이와 마찬가지로, '구매자(고객)'가 대기업이나 과점 기업이라고 할 경우, 구매 측이 구매력을 이용하여 자사에 대해 가격 인하 압력을 가할 수 있다.

자동차 업계를 예로 들자면, 자동차 제조사는 부품 제조사에 대해 항상 비용 삭감과 가격 인하를 요구한다. 고객의 가격 협상력이 워낙 강하기 때문에 부품 제조사의 이익률이 떨어져, 결과적으로 경쟁력 저하로 이어질 수밖에 없게 된다.

5Force 분석의 예: 햄버거 업계

구체적인 사례를 통해 더 자세히 살펴보자. 일본의 햄버거 업계 1위 기업인 '일본 맥도널드'를 5Force로 분석해 보겠다.

우선 '기존 기업과의 경쟁'에 대해 생각해 보자. 맥도널드의 경쟁 상대는 '모스버거'와 '롯데리아', '퍼스트 키친' 등이다. 맥도널드는 일본 시장에서 압도적인 시장 점유율을 보이고 있으며 이러한 규모의 경제를 살려 경쟁 상대보다 우위에 서서 사업을 전개하고 있다.

다음으로 '판매자의 협상력'에 대해 생각해 보겠다. 판매자로는 빵과 햄버거의 원료를 공급하는 식육 가공업자를 들 수 있다. 일본에 2,800개 이상의 매장을 보유한 맥도널드는 식자재를 대량으로 매입하며 글로벌 공급망을 다수 확보하고 있어서 공급업체에 대한 가격 협상력이 매우 높다고 할 수 있다.

한편, '구매자의 협상력'이라고 하면, 여기서는 햄버거를 구매하는 소비자를 말한다. 소비자는 햄버거의 구매처를 모스버거나 롯데리아로 바꿔도 대체 비용(변경에 필요한 비용)이 들지 않으므로, 맥도널드는 차별화한 상품을 소비자에게 제공하는 것이 수익을 올리는 중요한 요소라 할 수 있다.

마지막으로 '신규 진입자의 위협'과 '대체 상품 및 서비스의 위협'에 대해 생각해 보겠다. 최근 미국의 햄버거 프랜차이즈가 일본 시장에 진출하고 있으며, 이들 기업은 '신규 진입자'로 간주할 수 있다. 단, 시장 점유율은 물론 인지도나 화제성 등 모든 면에서 맥도널드를 위협할 만한 존재는 아니다.

한편, '대체 상품 및 서비스'로는 규동과 라멘, 카레, 회전초밥 등을 들 수 있다. 또 프랜차이즈 카페에서도 샌드위치 등의 가벼운 음식을 제공하므로 대체 상품의 위협이 될 가능성이 있으며, 매장 내 식사가

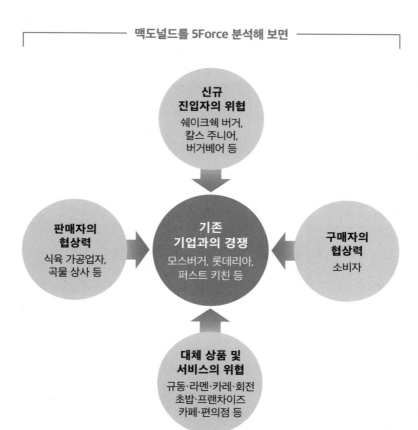

**신규
진입자의 위협**
쉐이크쉑 버거,
칼스 주니어,
버거베어 등

**판매자의
협상력**
식육 가공업자,
곡물 상사 등

**기존
기업과의 경쟁**
모스버거, 롯데리아,
퍼스트 키친 등

**구매자의
협상력**
소비자

**대체 상품 및
서비스의 위협**
규동·라멘·카레·회전
초밥·프랜차이즈
카페·편의점 등

가능한 편의점의 존재 또한 위협이 될 수 있다.

이렇게 분석하다 보면 맥도널드는 높은 시장 점유율을 살려 시장
에서 우위를 차지하고 있다는 것을 알 수 있다. 한편 햄버거 업계는

신규 진입 기업이 적지 않으며 소비자의 기호 또한 다양해지면서, 차별화한 상품을 계속하여 제공할 수 있는지가 수익을 창출하기 위한 열쇠인 것도 알 수 있다.

이 장에서는 '3C 분석'을 중심으로 관련된 프레임워크로서 'SWOT 분석', 'PEST 분석', '5Force 분석'에 대해 소개하였다.

이 프레임워크는 비즈니스 현장에서 현상을 신속하고 정확하게 파악하는 데 매우 유용하다.

또한 1장에서 다루었던 '하늘·비·우산'도 그렇지만, 3C 분석은 수많은 컨설턴트와 기업가들이 활용한 전통적인 방식이다. 활용이 간단하고 쉬운 프레임워크이므로 여러 가지 상황에 적용해 보자.

———— (5장) ————

차별화 전략에 효과적인
'2축 매트릭스'

가로축과 세로축으로 정리하고 분류하라

———

업무를 원활하게 진행하려면 우선순위를 정하는 것이 가장 중요하다. 무엇이 중요하고 무엇이 그렇지 않은지 명확히 판단하면 해야할 일의 순서를 정할 수 있고 단계적으로 진행할 수 있다.

여러 항목을 우선순위 기준으로 나누는 프레임워크로는 '2축 매트릭스'가 유용하다. 매트릭스는 '모체', '기반'이라는 의미로 생물학과 전자 공학에서도 자주 언급되는 단어다.

경영과 매니지먼트, 마케팅에서 활용하는 '2축 매트릭스'란 가로축과 세로축 2개만으로 여러 가지를 정리하고 분류하는 기법이다. '2 × 2'로 4개의 사분면에 나타내므로 '4사분면 매트릭스'라고도 한다. 긴급성을 가로축, 중요도를 세로축으로 하면 '긴급성 × 중요도 2축 매트릭스'가 되며, 이 프레임워크는 현상을 판단하고 실행할 때 우선순위를 정하는 데 효과적이다.

예컨대 당신이 영업 담당자라서 '작년 대비 매출 1.2배 증대'라는 과제를 부여받았다고 하자. 영업에 전념하고 싶은데 다른 업무도 많고 회의처럼 신경 쓸 일이 많아서 집중해서 일하기가 어렵다.

그렇다면 여기서 업무와 작업에 우선순위를 정하기 위해 2축 매트릭스를 그려서 생각해 보자.

우선순위가 분명해진다

그중에서 가장 먼저 다루어야 할 것은 중요도 및 긴급성이 높은 '고객 클레임 대응'이다. 서둘러 해결하지 않으면 화가 난 고객이 거래를 중단할 수도 있고, 그렇게 되면 매출 증대는 엄두도 못 낸다.

그리고 상사에게 조속히 보고도 마쳐야 할 것이다.

다음으로 우선순위가 높은 것은 '중요도'는 낮지만 '긴급성'이 높은 '영업 회의 참석'과 거기서 보고해야 할 '보고서 작성'이다.

고객의 클레임에 대응하면서 보고서도 작성하고, 상사와 보고서 및 영업 회의에 관한 논의도 진행해야 할 것이다.

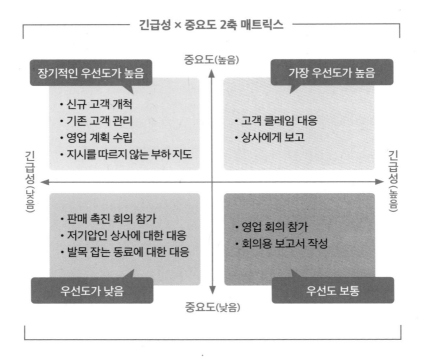

긴급성 × 중요도 2축 매트릭스

중요도(높음)

장기적인 우선도가 높음

• 신규 고객 개척
• 기존 고객 관리
• 영업 계획 수립
• 지시를 따르지 않는 부하 지도

가장 우선도가 높음

• 고객 클레임 대응
• 상사에게 보고

긴급성(낮음)

긴급성(높음)

• 판매 촉진 회의 참가
• 저기압인 상사에 대한 대응
• 발목 잡는 동료에 대한 대응

우선도가 낮음

• 영업 회의 참가
• 회의용 보고서 작성

우선도 보통

중요도(낮음)

'신규 고객 개척', '기존 고객 관리', '영업 계획 수립', '지시를 따르지 않는 부하 지도'는 중요도는 높지만 긴급성이 낮으므로 일단 왼쪽 위 사분면에 배치하였다. 이때 언제까지 반드시 해야 한다는 명확한 기한은 없다.

그러나 장기적 관점에서 보면, 이 사분면에 있는 과제들을 제대로 마주하여 해결했는지 아닌지가 직장인으로서 성장하는 갈림길이 된다. 우수한 직장인이라면 이 사분면에 있는 과제를 방치하지 않고 스스로 기한을 정하여 확실히 처리할 것이다.

그 밖의 문제들은 중요도 및 긴급성이 낮으므로 왼쪽 아래 사분면에 배치하였다. 이에 대해 '아무것도 하지 않는다'는 대처법도 있지만, 어느 정도 손을 써야 하는 경우도 있다. 사례마다 다르게 판단해야 할 것이다.

영업처의 우선순위를 결정할 때

2축 매트릭스는 '매출 증대를 위해 어떤 고객을 타깃으로 할까'라는 우선순위를 정할 때도 활용할 수 있다.

기존 고객의 관리에 주력한다고 할 경우, 어떤 고객을 중점적으로 공략해야 할까. 고객이 법인이라고 가정하여 2축 매트릭스를 통해 고찰해 보자.

세로축은 고객사의 성장률, 가로축은 판매 여력으로 설정하였다. 성장률은 고객사의 매출 및 이익의 증가, 자산의 증가, 임직원 수의 증가 등으로 파악한다. 고객사의 성장률이 높다면 당신의 회사가 제공하는 상품 및 서비스에 대한 수요 또한 거의 확실히 증가하게 될 것이다.

가로축을 판매 여력이라고 하였는데, 판매 여력이 있다는 것은 당신의 회사가 제공하는 상품 및 서비스가 고객사에 아직 팔릴 여지가 있다는 뜻이다.

반대로 판매 여력이 없다는 것은 당신의 회사가 제공하는 상품 및 서비스를 고객사가 이미 당신의 회사로부터 구매했기 때문에 더 이상 매출이 늘어날 여지가 없음을 의미한다.

그럼, 당신의 고객을 2축 매트릭스에 배치해 보자.

영업 사원은 시간이 제한적이므로 실적을 올리려면 투입한 시간 대비의 판매 실적을 관리해야 한다. '투입한 시간이 많을수록 판매 실적도 크다'라는 정의 상관관계가 이상적이다.

성장률이 높고 판매 여력도 큰 기업은 '유망한 시장'이므로 당신이 가장 시간과 역량을 집중할 회사다.

성장률이 높고 판매 여력이 작은 기업은 '기둥 고객사'로, 당신의 판매 실적을 뒷받침하는 회사다. 가장 신경 쓰고 중시해야 할 고객이며, 신중한 대응이 요구된다.

성장률이 낮고 판매 여력이 큰 기업은 '의리상 고객사'로, 고객사 내 당신의 회사 점유율은 그렇게 크지 않다. 경쟁사가 더 강하기 때문에 여기서 매출을 늘리려면 경쟁에 이길 만한 강점을 개발해야 한다.

성장률이 낮고 판매 여력도 작은 기업은 '편애 고객사'로, 만약 당신의 매출 Top 10이 전부 '편애 고객사'라면 향후 매출 증대는 어렵

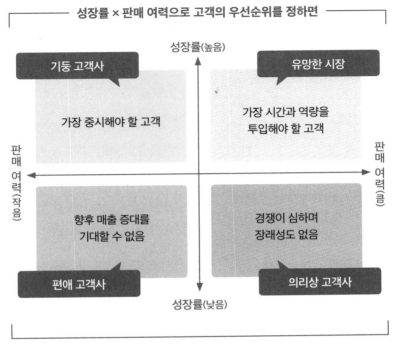

성장률 × 판매 여력으로 고객의 우선순위를 정하면

성장률(높음)

기둥 고객사

가장 중시해야 할 고객

유망한 시장

가장 시간과 역량을
투입해야 할 고객

판매 여력(작음)

판매 여력(큼)

향후 매출 증대를
기대할 수 없음

경쟁이 심하며
장래성도 없음

편애 고객사

의리상 고객사

성장률(낮음)

출처:《경쟁력 강화를 위한 구조조정 전략》(고바야시 히로시 저, 프레지던트사)

다고 할 수 있다. 그리고 '편애 고객사'는 방문하기 쉽고 분위기도 좋아서 꼭 필요하지도 않은데 약속을 잡거나 잡담하느라 쓸데없는 시간을 보내기 십상이다.

　귀한 시간을 '편애 고객사'에서 소모해 버리면, 성장률이 높고 판매 여력이 큰 '유망한 시장'에 시간을 들이지 못할뿐더러, 중시해야 할 '기둥 고객사'에 방문을 할 수도 없으므로 매출을 올리기 어렵다.

시간과 노력은 비할 데 없이 중요한 자원이다. 빈둥거리며 일하게 되면 시간과 노력을 허비하는 것이다. '편애 고객사'에서 보내는 시간을 절약하여, 그 시간을 '유망한 시장', '기둥 고객사'에 사용해야 한다. 그렇게 해야 영업 실적을 향상할 수 있을 것이다.

덧붙여, 당신에게 '유망한 시장'은 경쟁사에게도 유망한 고객이라는 것을 명심하도록 하자. 앞으로 경쟁이 더욱 격해질 것을 가정하고 경쟁사와 차별화하여 승부할 수 있는 영역을 발견해 두어야 할 것이다.

이처럼 2축 매트릭스로 고객을 배치하다 보면 우선해야 할 고객과 그렇지 않은 고객을 알 수 있게 된다.

2축 매트릭스의 탄생

고객별 2축 매트릭스는 1960년대 경영 컨설턴트 회사인 보스턴 컨설팅 그룹[BCG]이 개발한 '제품별 포트폴리오(프로덕트 포트폴리오 매니지먼트)'를 응용한 것이다.

'제품별 포트폴리오'란 시장 성장률과 점유율이라는 2축을 이용하여 그 기업의 상품 그룹을 4사분면에 배치하고 상품별로 가장 적합한 전략을 도출하는 프레임워크다.

4사분면에 배치하면 어느 상품 그룹에 더 집중하고 어느 상품 그룹을 버려야 할지 누가 봐도 일목요연하게 정리된다.

다음의 그림을 통해 구체적으로 살펴보자.

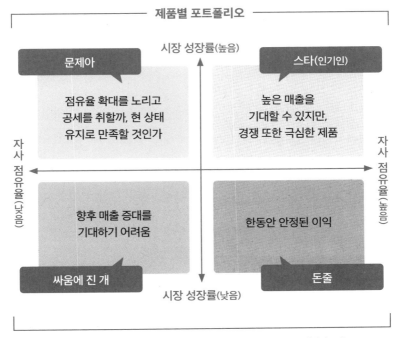

출처: 《경쟁력 강화를 위한 구조조정 전략》 (고바야시 히로시 저, 프레지던트사)

'스타(인기인)'는 성장률도 높고 자사 점유율도 높다. 앞으로도 높은 매출을 기대할 수 있는 제품이다.

하지만 경쟁사에게도 매력적인 제품이기 때문에 경쟁이 심하며, 현재의 위치에 만족하여 안일하게 있다가는 점유율이 떨어질 가능성이 있다. 끊임없이 비용 절감 및 품질 향상을 해야 하므로, 이익률은 그렇게 높지 않다.

'돈줄'은 시장의 성장률이 높지는 않아도 높은 점유율을 유지하는 제품이다. 경쟁사에게는 그렇게 매력적인 제품은 아니기 때문에 철수할 가능성이 높다. 그렇지만 한동안 안정된 이익을 얻을 수 있는 제품이다.

'문제아'는 시장 성장률은 높지만 자사 점유율이 낮아서 지금과 같은 영업 스타일을 계속한다면 매출 증대를 기대할 수 없다. 따라서 점유율을 늘리기 위해서는 제대로 된 전략이 필요하며, 적극적인 공세로 나설지 현 상태 유지로 만족할지에 대한 판단이 중요하다.

마지막으로 '싸움에 진 개'는 시장의 성장률도 낮고 점유율도 낮은 제품으로, 과거에 무슨 일이 있었든지 간에 철수 혹은 매각이라는 선택지도 고려해야 한다. 비즈니스를 존속시킨다고 해도 비용을 들일 필요는 없다.

여기까지 살펴보면서, 이 프레임워크의 응용력과 가능성을 깨달은 독자도 많을 것이다. 2축 매트릭스는 다양하게 응용할 수 있으므로 고객의 선별 및 제품별 영업 전략 수립뿐만 아니라 시장 분석에도 활용하면 좋다.

2축 매트릭스의 예: 보습학원

2축 매트릭스를 활용한 차별화 전략에 대하여 한 가지 더 생각해 보자.

당신이 새 보습 학원을 설립했다고 상상해 보자. 보습 학원이라고 해도, 유아 교육부터 초·중·고 수험, 대학 입시 및 영어 교육 등 사업 영역이 세분되어 있다. 따라서 어느 영역에 주력해야 할지에 대해 2축 매트릭스를 그려 검토해야 한다.

보습 학원은 저출산의 영향으로 시장 성장률이 낮은 산업이다. 잘 나가는 학원과 실적 악화 중인 학원의 양극화도 진행되고 있다. 일본에서는 통신 교육 기업인 'Z카이(조신출판사 그룹)'가 에이코 홀딩을 인수(2015년)하고, 나가세(도신 하이스쿨)가 중등 수험으로 유명한 요츠야 오오츠카를 그룹사화(2006년)하였으며, 대학 입시 명문인 와세다 주쿠를 완전 자사화(2014년)하는 등, 업계의 재편성과 인수 합병이 큰 화제를 낳은 바 있다.

그러한 상황이므로 지금 보습학원을 설립할 거라면 승부를 볼 영역을 명확히 한 다음, 거기에 당신의 시간과 노력 등의 자원을 집중적으로 투입해야 할 것이다.

'사냥감'은 왼쪽 위 사분면에 있는 성장률이 높고 시장 규모가 작은 시장이다.

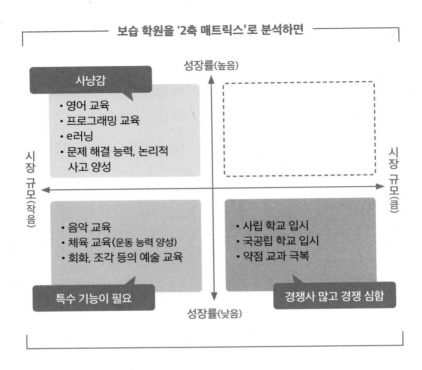

보습 학원을 '2축 매트릭스'로 분석하면

성장률(높음)

사냥감

- 영어 교육
- 프로그래밍 교육
- e러닝
- 문제 해결 능력, 논리적 사고 양성

시장 규모(작음)

시장 규모(큼)

- 음악 교육
- 체육 교육(운동 능력 양성)
- 회화, 조각 등의 예술 교육

- 사립 학교 입시
- 국공립 학교 입시
- 약점 교과 극복

특수 기능이 필요

경쟁사 많고 경쟁 심함

성장률(낮음)

오른쪽 아래의 시장은 규모는 크지만 이미 성숙한 산업이라 국립·사립 학교 입시 및 공립 중고등학교 입시에 강한 보습 학원들이 난립 중인 상황이다. 만약 후발 주자로 들어가게 된다면 격심한 경쟁을 각오해야 한다. 리스크가 너무 크다.

왼쪽 아래에 있는 음악, 체육, 예술 교육은 특수한 기술이 필요하며 해당 기술을 보유하지 않은 당신이 굳이 선택할 필요는 없을 것이다.

일본에서는 2020년도부터 초등학교의 학습 지도 요강이 개정되어, 프로그래밍과 영어가 필수화, 평가 대상이 되었다. 평가 대상이 되었다는 것은 교육산업에 큰 수요가 출현한다는 의미다. 이미 일부 학원들은 수업에 프로그래밍과 영어를 도입하는 등 준비를 진행하고 있으나 업계 전체적으로는 아직 수요에 부응하지 못하고 있다.

e러닝 또한 스마트폰과 태블릿의 보급으로 이용자 수가 늘고 있지만, 신규 업체가 연이어 진입하고 있으며 무료 콘텐츠도 많아서 그다지 매력적인 분야라고 볼 수 없다.

이에 당신은 시장 규모가 큰 국립·사립 학교 입시 쪽에 관심을 가지면서도, 영어 교육 및 프로그래밍 교육을 주축으로 한 학원을 구상하여 설립 준비를 시작했다.

이처럼 2축 매트릭스의 프레임워크는 타깃 선정 및 상품 전략, 시장 분석과 차별화 전략 등, 마케팅의 폭넓은 분야에서 효과적으로 활용할 수 있다.

6장

제품 개발에서
판매 전략까지 포함하는 '4P'

자사 제품의 현 단계를 알 수 있다

이 장에서는 신제품 개발 및 판매 전략 수립에 효과적인 프레임워크를 살펴보자.

당신은 컨설턴트로, 상사로부터 카메라 제조사인 D사의 신제품 개발을 지원하는 업무를 요청받았다. 그럼 무엇부터 착수하면 좋을까.

세계적으로 유명한 마케팅 프레임워크인 '프로덕트 라이프 사이클PLC'은 주로 신제품 개발을 진행할 때 활용한다. 이것을 한마디로 정의하자면 제품 및 서비스의 생애를 말한다.

제품 및 서비스가 탄생하여 소비자 또는 이용자가 이를 구매한다. 그러면 매출이 생기고 안정적인 수익을 올릴 수 있게 되며, 그 후 판매량이 떨어지면 제조 및 판매가 중지되는데, 이 주기를 프로덕트 라이프 사이클이라 한다.

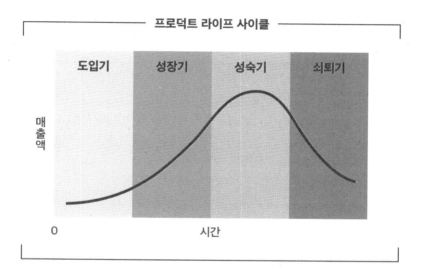

프로덕트 라이프 사이클

| 도입기 | 성장기 | 성숙기 | 쇠퇴기 |

매출액

0   시간

일반적으로는 위 그림처럼 ①도입기 ②성장기 ③성숙기 ④쇠퇴기라는 4단계로 나타낸다.

도입기란, 사업을 시작하는 시기다. 이 시기에는 연구 개발 및 설비 투자에 거액의 비용이 발생하게 된다. 거기다 제품의 인지도도 낮아서 마케팅에도 상당한 비용이 들어간다. 또 거액의 비용을 들였다고 해서 꼭 매출이 늘어난다고 할 수 없다.

결국 성장기를 맞이하지도 못한 채, 시장에서 철수하는 제품 및 서비스도 적지 않다. 오히려 성장기에 도달한 제품이나 서비스가 드물다고 해도 과언이 아니다.

다음 단계인 성장기는, 제품 및 서비스가 소비자 또는 사용자에게 받아들여지고 인지도도 올라가서 매출 및 이익이 크게 늘어나는 시기를 말한다. 마케팅에서 다소 실수나 실패를 겪더라도, 그마저도 긍정적으로 변화시키고 발전 궤도에 오르게 된다.

성숙기는 제품 및 서비스가 시장에 널리 퍼져 있는 시기다. 매출 상승은 다소 둔화하며, 점차 변동이 없게 되면서 이익은 감소하기 시작한다.

쇠퇴기는 매출과 이익이 모두 감소하고 마침내 적자 전환하며, 제품의 생산 및 판매 중지, 사업의 매각이나 폐쇄 등을 고려해야 하는 시기다.

아무리 강력한 제품이나 서비스라도 프로덕트 라이프 사이클에서 벗어날 수는 없다. 상품 1개만 주력하여 경영한다면, 그 제품이 성숙기에서 쇠퇴기로 접어들었을 때 회사도 함께 쇠퇴할 수밖에 없다.

하지만 모든 제품과 서비스가 반드시 4단계를 거친다고는 할 수 없다. 발매되자마자 날개 돋친 듯 팔려서 도입기가 없는 것처럼 보이는 경우도 있고, 성숙기가 길게 이어져 쇠퇴기를 맞이할 일이 없을 것

같은 제품도 있다. 혹은, 발매는 되었는데 소비자의 흥미와 관심을 끌지 못하고 성장 및 성숙기를 맞이하지도 못한 채 시장에서 사라진 경우도 있다.

단계의 구분은 편의상 나눈 것이라 각 단계가 언제 시작하고 끝나는지 엄밀하게 정의할 수는 없다. 다만, '자사의 제품 및 서비스가 현재 어느 단계에 있는지'를 파악한다면 마케팅 전략 및 판매 전략을 수립할 때 도움이 된다.

쇠퇴기를 맞이한 상품의 부양책이란?

다시 카메라 제조사 D사의 신제품 개발 사례로 돌아가자.

디지털카메라 시장도 프로덕트 라이프 사이클 관점에서 보면 명백히 쇠퇴기를 맞이하고 있다.

디지털카메라의 전 세계 생산량을 보면 2010년에는 1억 2,000만 대를 넘었으나 2017년은 2,497만 대에 그쳤다(카메라 영상 기구 공업회 조사). 단 7년 만에 시장이 5분의 1로 줄어든 것이다.

디지털카메라는 중량이 가볍고 손쉽게 사진을 찍을 수 있는 콤팩트 디지털카메라와 고품질에 중량감 있는 렌즈 교환식 카메라(미러리스 및 DSLR 등), 2종류로 나뉜다.

그러나 SNS의 보급으로 촬영 후 바로 업로드 가능한 스마트폰이 훨씬 사용하기 편하다는 점으로 인해 소비자의 인기가 높아졌다. 결과적으로 디지털카메라 전반, 특히 스마트폰과 직접 경쟁하는 콤팩트 디지털카메라는 거의 팔리지 않게 되면서 시장이 크게 줄어들었다.

먼저, 콤팩트 디지털카메라를 주로 제조했던 카시오가 2018년에 시장에서 철수했다. 그러고 나서 니콘과 캐논, 올림푸스 등의 대기업 또한 2010년을 정점으로 콤팩트 디지털카메라 매출이 하향 곡선을 그리기 시작하면서, 2018년 연간 판매량은 2010년에 비해 4분의 1 수준으로 떨어졌다.

그런데 당시 급속히 보급된 인스타그램의 영향으로, DSLR과 미러리스 등 '렌즈 교환식 카메라 시장'의 시장 축소 경향이 둔화하기 시작했다. '인스타그램 사진발', '포토제닉'을 중시하는 젊은 세대에서 스마트폰으로 찍기 어려운 고품질의 사진을 추구하게 되었기 때문이다.

하지만 미러리스나 DSLR 등의 렌즈 교환식 카메라는 콤팩트 디지털카메라에 비해 무거우며 여성은 다루기 힘들다는 난제가 있다.

여기서 당신은 디지털카메라 시장의 프로덕트 라이프 사이클을 분석하기로 했다. 전체적으로 쇠퇴하고는 있지만, 시장을 세분화해보면 유망한 분야가 있을지도 모른다고 예상한 것이다.

쇠퇴 시장에서 유망한 부문을 찾는 방법

유력한 경쟁사도 많고 경쟁도 극심한 시장에서 신규 제품이나 서비스를 고안하고자, 5장에서 살펴본 '포지션 매트릭스'를 활용하여 보도록 하자.

포지션 매트릭스는 '긴급성·중요도 매트릭스'로, 어떤 사안을 실행할 때의 우선순위를 설정하는 데 효과적인 프레임워크지만 여러 가지로 응용할 수 있다.

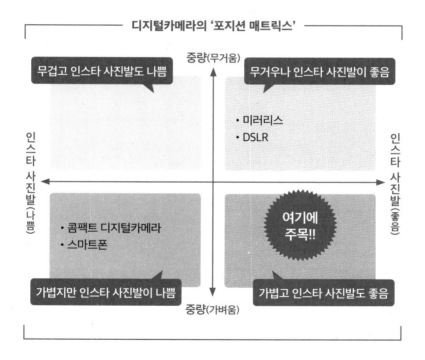

디지털카메라의 '포지션 매트릭스'

- 중량(무거움)
- 무겁고 인스타 사진발도 나쁨
- 무거우나 인스타 사진발이 좋음
  - • 미러리스
  - • DSLR
- 인스타 사진발(나쁨)
- 인스타 사진발(좋음)
- • 콤팩트 디지털카메라
- • 스마트폰
- 여기에 주목!!
- 가볍지만 인스타 사진발이 나쁨
- 가볍고 인스타 사진발도 좋음
- 중량(가벼움)

신제품 개발 시 포지션 매트릭스를 사용하면 어떤 위치에 있는 제품 및 서비스를 형상화하는 것이 좋을지 분명하게 알 수 있다.

당신은 위 그림처럼 세로축에 '중량', 가로축에 '인스타그램 사진발'을 배치하고, 디지털카메라의 프로덕트 라이프 사이클과 포지서닝을 검토하였다. 그 결과, 여러 가지 사실을 깨달을 수 있었다.

왼쪽 아래의 사분면에 있는 콤팩트 디지털카메라는 스마트폰과 정면으로 대결하고 있는데, SNS와의 연동을 고려하면 통신 기능을 갖춘 스마트폰이 당연히 우위에 있다고 할 수 있다.

이에 당신은 오른쪽 아래 사분면에 있는 '가볍고 인스타 사진발도 좋음'에 주목했다. 'SNS용으로 돋보이는 사진을 찍고 싶다', '미러리스도 DSLR도 무거워서 쓰기 불편하다' 등 여성의 불만이 많았음에도 불구하고 지금까지 그런 목소리에 반응한 제품이 나오지 않았기 때문이다.

그래서 당신은 기존의 디지털카메라와는 일선을 긋는 '초경량 DSLR'이라는 신제품 개발을 D사에 제안했다. 기술진의 더 큰 노력이 필요하지만 개발에 성공한다면 새로운 시장을 개척할 수 있음이 분명하다.

이처럼 포지션 매트릭스를 활용할 때는 가로축 및 세로축의 지표로 무엇을 설정할지가 중요하다. 여기서는 '중량'과 '인스타그램 사진발'을 설정했지만, 이 프레임워크를 어떻게 활용하고 싶은지는 그 '목적'에 따라 달라진다. 그 밖에 기능, 품질, 가격, 스타일(디자인) 등, 다양한 지표를 이용할 수 있으며, 아직 없는 시장을 찾아내거나 차별화 전략을 수립할 때 매우 효과적이다.

기업과 소비자 관점 전략 '4P'

마케팅에서 빼놓을 수 없는 프레임워크 가운데 '4P(마케팅 믹스)'가 있다.

4P란 'Product(제품)', 'Price(가격)', 'Place(유통)', 'Promotion(판매 촉진)'의 앞 글자를 딴 것으로, 미국의 마케팅 학자인 제롬 메카시가 제창하였다.

Product: 고객의 수요에 대응하면서 차별화를 꾀한다

Product란 제품을 말한다. 여기서도 4장에서 살펴본 시장·고객, 경쟁사, 자사의 '3C 분석' 프레임워크가 효과적이다. 단, 실제로 활용해 보면 시장·고객이나 경쟁사보다 자사에 편중되기 쉽다는 것을 알게 된다.

3C 분석은 '자사의 상황을 명확히 한다'는 목적만으로 이용하는 것이 아니다. 이를 인식하지 않는다면, 아무리 3C 분석을 실행해 봤자 경쟁에서 패배하거나 고객이 관심을 주지 않는 '잘못된 전략'에 힘을 낭비하게 될 수 있다.

예컨대 일본의 어느 자동차 제조사가 지금까지 생산 중이었던 인기 소형차 모델을 바꾸면서, 아시아의 신흥 개발 도상국에서 전부 생산하는 것으로 방침을 변경했다고 하자.

경쟁사의 소형차는 일본 내에서 생산하고 있으므로, 신흥 개발 도상국에서 생산하게 되면 비용 면에서 우위를 점할 수 있다. 고객도 저

연비 친환경이라는 우위성이 있다면 굳이 자국 내 생산이 아니더라도 지금까지처럼 구매하리라 생각한 것이다.

그런데 결과는 예상과 달랐다. 지금까지 신규 차량 등록 대수에서 매년 10위 이내에 들었던 인기 차종이었던 것이 10위권 밖으로 밀려나게 되었다.

고객은 '아시아 신흥 개발 도상국에서 생산된 것은 일본에서 생산된 차에 비해 질이 떨어진다'고 판단하였고, 낮은 가격에 매력을 느꼈지만 그게 품질에 대한 불안을 넘어설 정도는 아니라고 생각한 것이다. 결국 경쟁사의 자국 내 생산 차량에 고객을 빼앗기고 말았다.

요점은 '경쟁사'와 '고객'이다. 고객의 수요에도 대응하면서 경쟁사의 제품과 어떻게 차별화할지가 관건이다. 제품 자체에 강점과 특징이 없으면 아무리 프로모션이나 판매에 힘써도 좀처럼 매출을 늘리기는 어렵다.

마케팅에서 말하는 차별화란, 타사의 제품 및 서비스보다 매력적이라고 생각되도록 자사의 제품 및 서비스에 대한 기능과 품질, 디자인, 가격, 구입 방식, 사후 관리 등에서 '독자성(강점)'을 갖도록 만드는 것이다. 타사 제품 및 서비스와의 차이를 분명히 보여 주어야 소비자 또는 사용자가 구매에 나선다.

Price: '수요', '비용', '경쟁' 등 3요소로 적정 가격을 결정한다

Price란 제품과 서비스의 가격을 결정하는 것이다. 어떤 면에서는 제품 개발 자체보다 중요한 의미를 갖는다.

가격 설정에 성공하면 해당 제품과 서비스는 시장에 수용되며 순조롭게 매출이 늘어나서 '스타', '돈줄'로 성장할 가능성이 있다. 반대로 가격 설정에 실패하면 소비자와 사용자에게 거부당하여 도입기도 넘기지 못하고 그대로 사라져 버릴지도 모른다.

기존 사업 또한 예외는 아니다. 예를 들어, 균일가로 유명한 한 프랜차이즈 이자카야가 재료비 및 인건비 상승을 이유로 2017년에 전 품목 280엔에서 298엔으로 18엔씩 가격을 인상했다.

효과는 엄청났다. 4개월 후부터 고객이 감소하기 시작하여 2019년에도 전체 매출이 전년 대비하여 계속 줄어들었다. 물론 가격 설정만이 이유라 단정지을 수는 없다. 그러나 가격 인상이 고객 이탈의 계기가 되었다는 것에는 의심의 여지가 없다.

가격 설정에는 예상 매출, 비용, 경쟁사 가격 등을 고려하여 큰 틀을 짜는 '가격 전략'과 판매 현장에서 시장의 동향 등을 지켜보면서 할인 및 이벤트 가격을 결정하는 '가격 전술'이 있다.

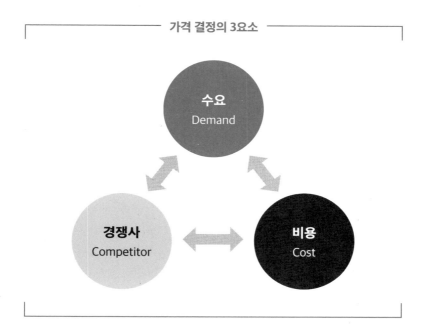

당신이 D사에 제안한 '초경량 DSLR' 또한, 가격 전략을 잘못 수립한다면, 타깃 고객이 달려들지 않을 것이다.

가격을 결정할 때 고려해야 할 요소는 수요와 비용, 경쟁사, 이렇게 3가지다.

사실 이 3가지는 3C 분석의 '경쟁사'는 그대로, 시장·고객을 '수요', 자사를 '비용'으로 치환한 것에 지나지 않는다. 이를 통해 3C 분석이 얼마나 보편성을 지닌 프레임워크인지 알 수 있다.

시장 점유율, 이익, 상위 방침을 정하는 방법

가격 설정 단계는 다음과 같다.

❶ 가격 설정의 목적과 방침을 결정한다
❷ 수요를 판단한다
❸ 비용을 고려한다
❹ 경쟁사의 비용 및 가격을 분석한다
❺ 가격 설정의 기준을 정한다
❻ 가격을 설정한다

일단, 1번 '가격 설정의 목적과 방침'을 명확히 하면 가격 설정 자체를 진행하기 수월해진다.

간단히 말해서, 목적이란 시장 점유율을 취할지 이익을 극대화할지다. 점유율 확보가 중요하다고 생각한다면, 비교적 저렴한 가격을 설정하여 가급적 많은 소비자나 사용자의 획득을 노리는 것이다.

혹은, 어느 정도 이익을 내고자 한다면 비교적 비싼 가격을 설정하여 일정한 소비자나 사용자의 지지를 얻는 것을 목표로 한다. 처음에는 일부러 저렴한 가격을 설정하여 시장 침투를 꾀하는 전략도 고려할 만하다.

2번의 '수요'는 1번 '가격 설정'과 교환 관계에 있다. 일반적으로 수요가 적다(구매자가 적다)고 예상되면 가격을 높게 설정하고, 수요가 많다(구매자가 많다)고 예상되면 가격을 낮게 설정한다.

예컨대 책으로 치면, 소설이나 경영서, 교양서 등이 비교적 저렴한 데 비해, 의학이나 예술 등 전문서는 고액으로 설정하는 경우가 많다.

3번 '비용'은 제조 원가 외에도 유통, 판매, 마케팅, 인건비 등이 있다. 염가 전략을 취할 경우라도 원가보다 낮은 가격을 설정할 수는 없다. 일부 예외를 제외한 비용의 합계가 가격의 하한선이 된다.

4번 '경쟁사의 비용과 가격 분석'도 불가결하다. 경쟁사가 자사와 동등한 수준의 품질, 기능을 가진 제품 혹은 서비스를 자사의 가격보다 싸게 판매한다거나, 자사보다 뛰어난 제품과 서비스를 같은 가격으로 판매하고 있을 때, 고객은 경쟁사 제품을 택하게 될 것이므로 가격 설정을 변경해야 한다.

5번 '가격 설정의 기준'이란 '수요', '비용', '경쟁사'의 3요소 중 어느 요소에 중점을 두어야 할지 정하는 것이다.

1~5까지의 단계를 거친 다음, 마지막으로 적절한 가격을 설정한다. 당신은 이제 D사의 '초경량 DSLR'의 가격을 어떻게 할지 제안해야 한다.

그래서 포지션 매트릭스를 활용하여 D사의 제품의 가격대를 정리해 보니, 다음 페이지의 그림과 같이 나타났다.

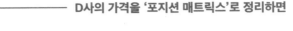

D사의 가격을 '포지션 매트릭스'로 정리하면

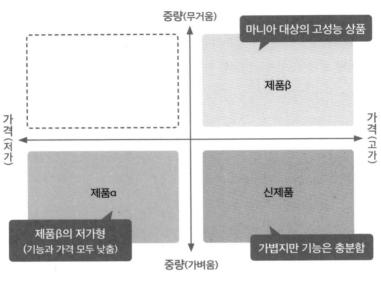

D사는 콤팩트 카메라의 생산을 이미 중단했으며 현재 고성능(무거움)에 비싼 제품β 그룹과 그보다 약간 기능과 중량을 낮춘 제품α 그룹, 이렇게 2개의 제품군을 주력으로 하고 있다.

비용 면에서 봤을 때, 신제품은 경량화를 위해 거액의 개발비가 들어갔기 때문에 제품α보다 고액으로 설정하고자 한다(①비용).

그리고 경쟁사가 실현하지 못한 '초경량의 DSLR'이므로 이미 차별화도 되어 있다(②경쟁).

주요 타깃은 젊은 여성으로, 타깃층의 가처분 소득은 그렇게 많지 않다. 하지만 인스타그램 등 SNS에 매우 친숙하기 때문에 높은 수요가 예상된다(③수요).

이렇게 수요를 고려하여, 당신은 신제품의 가격을 제품α 그룹보다 비싸면서 제품β 그룹보다 낮게 설정하여 D사에 제안했다.

Place: 마케팅 전략을 전반적으로 마무리하는 작업

Place는 판매 채널(유통망)을 의미한다. 즉, 제품 및 서비스를 판매하기 위한 도매 및 소매 유통 경로를 말한다.

미국의 경영학자이자 '마케팅의 아버지'로 불리는 필립 코틀러는 '(채널이란) 제품과 그 소유권을 생산 지점에서 소비 지점으로 이동하기 위한 다양한 활동(기능)을 행하는 기관(기업)의 집합'으로 정의하였다.

기업에 있어 판매 채널의 선택은 제품 개발과 광고·선전, 가격 설정 등의 마케팅 전략 전반에 걸친 중요 사항이다.

보통 복수의 채널을 선택하지만, 활기가 없는 채널을 중시한 나머지 매출이 오르지 않거나 채널끼리 고객 쟁탈전을 벌이는 등 채널 선택에 실패한 사례도 많다.

반대로 채널 선택에 성공하면 도매상, 창고업자, 소매상, 소비자 등과 긍정적인 네트워크를 형성할 수 있게 된다.

모든 관계자와 더불어 번영할 것을 목적으로 삼는다면, 판매 채널은 단순히 매출과 이익을 극대화하는 수단이 아니라, 가치를 탐구하고 창조하여 전달하고 제공하는 수단이 된다.

판매 채널 중에서는 슈퍼마켓과 백화점, 전문점, 편집숍, 양판점 등이 일반적이다. 또한, 자동차 딜러 및 보험 판매 대리점 등 업계에 따라 독자적인 판매 채널도 있다.

판매 채널을 설계할 때 접근 방식 3가지

기업이 판매 채널을 설계할 때는 일반적으로 3가지 접근 방식이 있다.

첫 번째는 다수의 채널을 만드는 것이다. 식료품이나 일상 잡화, 전자제품 등은 가능한 많은 소매점에 납품해야 매출을 올릴 수 있다. 다수의 도매-소매 경로를 통해 채널의 다각화를 기해야 한다는 것이다.

두 번째는 하나의 채널에 집중하는 것이다. 도소매상에게 독점 판매권을 주는 대신, 경쟁사의 제품을 취급하지 않도록 계약을 체결하는 식이다. 채널을 관리하기가 수월하며, 판매 프로모션이나 매장 이벤트 등, 소매상과 함께 판촉 활동을 할 수 있다는 장점도 있다.

세 번째는 첫 번째와 두 번째의 중간적인 개념으로, 소수의 채널을 설정하는 방법이다.

가전제품이 대표적인 사례이다. 가전제품은 전통적으로 제조사 → 지역별 총판 → 판매회사 → 같은 계열의 지역 가전 매장이라는 채널이 있었다. 이후 대형 가전 양판점이 성장하면서 제조사도 양판점 채널을 중시하게 되었다.

한편, 요즘은 제조사가 직접 소비자에게 판매하는 사례도 늘고 있다. 제조사 직판, 다이렉트 마케팅이라는 판매 형태가 그것이다. 인터넷을 활용하면 오프라인 매장 운영 비용 문제가 해결되며 고객과 직접 소통하는 온라인 판매 채널을 운영하기 쉽다는 것이 그 배경이다.

Promotion: 구매를 유도하는 활동

Promotion(판매 촉진)은 제품과 서비스를 소비자 및 고객에게 알리고 흥미와 관심을 끌어 갖고 싶다는 생각이 들게 만들고, 구입을 유도하는 활동 전부를 가리킨다. 마케팅의 4P 중에서 핵심적인 요소이며, 다음 페이지의 그림처럼 4가지로 구분할 수 있다.

1번 '광고·선전'은 유료의 매체(미디어)를 이용하여 기업명, 브랜드명, 제품 및 서비스명을 널리 알리는 방법이다. TV, 라디오, 신문·잡지, 인터넷 뉴스 사이트, 옥외 광고(간판, 포스터 등), DM, 카탈로그, 팸플릿 등 다양한 매체를 활용한다.

2번 '퍼블리시티(PR)'는 신문·잡지, TV, 라디오, 뉴스 사이트 등에서 뉴스나 기사를 통해 무료로 소개하는 것을 가리킨다.

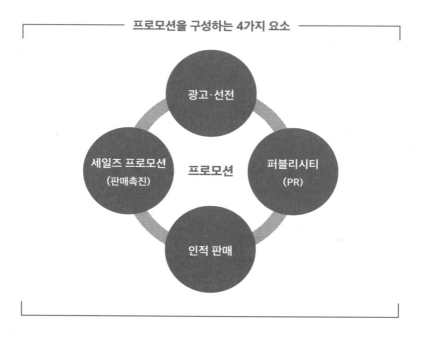

프로모션을 구성하는 4가지 요소

광고·선전

세일즈 프로모션
(판매촉진)

프로모션

퍼블리시티
(PR)

인적 판매

매우 유명한 기업의 획기적인 제품이 아닌 한, 매체에서 자발적으로 상품이나 서비스를 다루는 경우는 거의 없다. 따라서 기업은 보도자료나 팸플릿, 제품 샘플 등을 매체에 보내거나 신제품 발표 이벤트를 개최하는 등, 적극적인 활동을 진행한다.

3번 '인적 판매'란 매장 접객부터 방문 영업까지 세일즈 활동 전반을 가리킨다. 여기에는 매장에서의 호객 행위나 데모 시연, 프레젠테이션(발표) 등도 포함된다.

4번 '세일즈 프로모션(판매촉진)'이란 광고·선전, 퍼블리시티, 인적 판매 이외의 프로모션 활동을 뜻한다. 소비자 또는 고객을 대상으로 한 견본 및 샘플, 쿠폰, 할인권, 경품 이벤트, 판촉용 증정품, 한정판(특별한 제품), 포인트 카드, 마일리지 등의 제공이나 소매업자를 대상으로 한 할인, 보조금, 매장 내 포스터, 팸플릿, 이벤트 지원 등이 이에 해당한다.

D사의 신제품은 애당초 '인스타그램 사진발'을 노린 제품이므로, 당신은 인스타그램에 신제품의 공식 계정을 개설하여 그 카메라로 촬영한 사진을 올리는 등 다양한 이벤트를 기획하였다. 이로 인하여 신제품의 도입기에 많은 팬을 모으는 데 성공하여 매출 증대에 공헌하였다.

당신은 프로덕트 라이프 사이클을 분석하여 신규 고객을 유치할 수 있는 포지션을 발견하였고, 이를 통해 쇠퇴 시장에서의 신제품 개발이라는 난제를 훌륭히 해결한 것이다.

이 사례가 보여 주듯, 마케팅 프레임워크를 활용하면 신제품 개발을 성공으로 이끌 수 있다.

Mckinsey Framework

3부

목표 달성 프레임워크

7장

가치를 창출하는
'비즈니스 시스템'

가치를 창출하는 사람을 필요로 하는 시대

요즘 노동에 대한 평가 기준이 크게 달라지고 있다. 오랫동안 장시간 노동을 중시하는 경향이 있었던 기업들이 '얼마나 긴 시간 동안 일했는가'에서 '어느 만큼의 성과를 냈는가'로 평가 잣대를 옮기기 시작한 것이다.

내가 근무했던 맥킨지에서는 장시간 노동을 좋게 보지 않았다. 만약 야근을 불평하면 이런 말이 날아들었다.

"그거 고생 많이 했겠네. 그래서 결국 얼마나 가치를 창출했어?"

가치란 문자 그대로의 뜻으로, 쉽게 말해 자신과 클라이언트, 상대에게 있어서의 '이점'이다. 당신이 업무를 통해 자신과 고객, 업무 상대에게 어떤 형태의 이점을 줄 수 있다면, 가치 있는 일이라고 할 수 있다.

예컨대 프랜차이즈 카페가 고객에게 제공하는 가치는 무엇일까. 스타벅스라면 집(제1의 장소)도 회사(제2의 장소)도 아닌, '제3의 장소'를 제공하는 것이다. 단지 맛있는 커피를 마실 수 있는 카페라서가 아니라, 세련된 공간과 푹신한 소파를 준비하여 느긋하게 쉬거나 편히 친구와 대화를 즐길 수 있고, 무선 인터넷을 이용하여 노트북으로 업무를 보는 등, 자유롭게 시간을 보내는 공간을 제공한다. 카페 공간을 지적인 활동 및 휴식의 장으로 활용한다는 것이야말로 스타벅스의 제공 가치라 할 수 있다.

직장인은 클라이언트를 위해 적절한 문제 해결책을 제안한다거나, 수요에 부응하여 신제품 전략을 고안하는 등의 업무를 요구받으며, 또 사내에서 프로젝트 팀에 소속되어 있다면 그 팀 전체의 가치 창출에 얼마나 기여했는지가 중요하다.

장시간 사무실에서 야근하든, 3시간 자면서 일을 하든, 가치를 만들어 내지 못하면 좋은 평가를 받을 수 없고 클라이언트도 만족시키지 못한다.

반대로, 하루 8시간을 일하고 매일 정시에 퇴근하더라도 가치를 창출해 냈다면 아무 문제 없는 것이다.

창출해 낸 가치만이 평가 대상

맥킨지에서 가치란 '클라이언츠 인터레스트 퍼스트 Client's Interest First' 로, 클라이언트의 이익을 극대화하는 것을 말한다. 컨설턴트는 클라이언트의 이익을 극대화하기 위해 자신이 창출해야 할 가치가 무엇인지 항상 질문해야 한다.

평가 대상은 창출해 낸 가치뿐이다. 가치를 남긴 사람만이 주목받고 존중받는다. 그것이 바로 맥킨지의 방식이다.

나는 재직 당시 클라이언트가 화들짝 놀랄 만한 가설을 찾아내 검증했던 적이 있다. 현장에서 문제 해결 및 새로운 관점으로 연결될 생생한 정보를 수집하는 것 등을 내 업무의 가치라고 생각해서 늘 이를 의식하여 행동했기 때문에 가능했다.

제공된 가치를 분석하는 '가치사슬'

그럼 가치를 극대화하기 위해서는 어떻게 해야 할까.

7장에서 이를 위한 프레임워크로 '가치사슬'을 소개하려 한다. 가

가치사슬

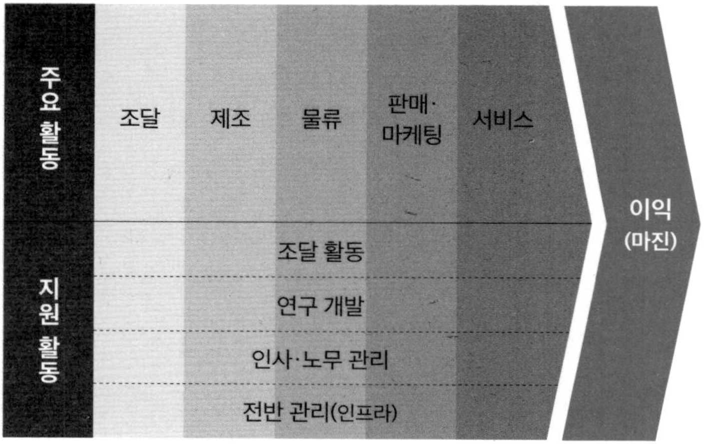

| 주요 활동 | 조달 | 제조 | 물류 | 판매·마케팅 | 서비스 | 이익 (마진) |

지원 활동
조달 활동
연구 개발
인사·노무 관리
전반 관리(인프라)

치사슬이란 기업의 기능, 활동의 흐름과 프로세스에 초점을 맞추어, 어떤 가치를 제공하고 있는지 분석하는 프레임워크다. 마이클 포터의 저서인 《마이클 포터의 경쟁우위》에서 제시한 개념이다.

그는 기업의 가치 제공에 직접적으로 공헌하는 기능 및 활동을 '조달', '제조', '물류', '판매·마케팅', '서비스' 등 5가지라 하고, 이들을 간접적으로 지원하는 기능 및 활동을 '전반 관리(인프라)', '인사·노무 관리', '연구 개발', '조달 활동' 등 4가지로 구분하였다(위 그림 참조).

필요한 요소를 연속된 흐름으로 보는 '비즈니스 시스템'

다음으로 소개할 '비즈니스 시스템' 또한 가치사슬과 마찬가지로 사물과 현상을 흐름으로 파악하는 프레임워크로, 사업을 진행하는 데 필요한 요소를 기능과 공정별로 나누어, 연속된 흐름(업무 플로우)으로 정리한 것이다. 자사의 비즈니스 시스템을 경쟁사와 비교하면 어느 기능과 공정에서 어떻게 차별화할지에 대해 고려할 수 있다.

예컨대 제조사라면 '개발 → 설계 → 부품 조달 → 제조 → 마케팅 → 물류 → 도매 → 판매'라는 일련의 흐름이 있고, 제조의 공정은 '가공 → 조립 → 도장'과 'A공정 → B공정 → C공정'과 같이 '서브 시스

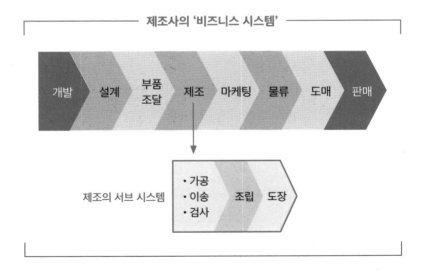

제조사의 '비즈니스 시스템'

템'으로 분할할 수 있다.

물론 서브 시스템도 복수의 공정을 통해 성립하므로 가공을 더 세분화하여 '가공 → 이송 → 검사'라는 흐름으로 파악할 수도 있을 것이다.

이처럼 각각의 공정별로 업무를 항목화하다 보면 해야 할 일이 명확해진다. 부품 조달의 공정이라면, 필요한 부품이 무엇인지 파악하고 이를 제조하는 회사 또는 앞으로 제조할 의사가 있는 회사를 찾아야 할 것이다.

구체적으로 말하면 몇 군데의 회사로부터 견적을 받아 매입가를 교섭하고 품질 및 생산 능력, 경영의 안정성 등 다양한 조건을 살펴 조달처를 선정하는 식이다.

이처럼 비즈니스 시스템을 활용하여 작업 프로세스를 하나하나 명확히 하면, 작업에서의 누락이나 하자를 방지할 수 있다.

전체적인 흐름을 파악하여 제품의 설계도를 만든다

스포츠에서도 마찬가지다. 예를 들어, 배구를 잘하고 싶다고 무조건 공을 치는 연습만 해 봤자 숙달하기 어려울 것이다. 왜냐하면 배구는 단순히 공을 때리기만 하면 되는 스포츠가 아니기 때문이다.

배구는 '서브 → 리시브 → 토스 → 공격 → 블로킹 → 리시브 → 토스 → 스파이크'라는 다양한 플레이의 조합으로 이루어진다. 따라서 아무리 스파이크를 잘한다고 해도 서브나 토스에 서툴다면 선수로서 활용할 수 없게 된다. 결과적으로 시합에서 선출되기도 힘들 것이다. 또한, 경기가 끝날 때까지 움직일 체력이 없다면 스타팅 멤버가 될 수 없다.

배구를 잘하는 사람은 각각의 플레이를 나누어 서툰 부분을 극복하거나 잘하는 기술을 더 연마하는 등, 중점적으로 반복하여 연습한다. 예컨대 토스를 분해하면 ①재빨리 공의 정면으로 달려가서, ②가능한 자세를 낮게 취하고, ③목표(센터)로 정확히 공을 보내는 움직임이 필요하다.

이처럼 일련의 흐름을 단계별로 분해하고 각각의 단계에서 해야 할 행동을 명확히 하는 것이야말로 무슨 일이든 높은 수준으로 해낼 수 있는 비결이다.

비즈니스 시스템은 전체의 흐름을 짚고 프로젝트의 전체 설계도를 만들고자 할 때 큰 도움이 된다. 그리고 문제를 해결하기 위해 진정한 원인을 찾아낼 때도 효과적이다.

조금 전 배구의 사례를 통해 보자면, '제대로 된 스파이크를 좀처럼 할 수 없다'라는 문제가 있을 때 원인이 꼭 스파이크에만 있다고 볼 수 없다.

플레이를 분석해 보고, '블로킹은 잘했는가?', '리시브에 원인이 있지 않을까?', '토스는 어떠한가, 연계 플레이는 제대로 되고 있는가?' 등, 진짜 원인이 어디에 있는지 찾아야 한다.

비즈니스도 마찬가지다. 각각의 요소(공정)별로 실패의 원인을 규명하고, 진정한 원인을 찾아내야 문제를 해결하고 전체의 흐름을 개선할 수 있다. 이를 통해 업무 흐름이 훨씬 더 나아진다.

가치를 쉽게 포착하는 3단계 분해법

여기서부터는 비즈니스 시스템을 활용하여 가치를 창출해 내는 방법에 대해 살펴보자.

다음과 같이 3가지 단계를 거쳐 작성한다.

---

❶ **흐름**　가치를 창출하기 위해 업무 전체의 흐름을 파악한다
❷ **단계**　가치를 창출하기 위해, 필요한 단계로 분해한다
❸ **요소**　각 단계에서 행할 작업을 나열한다

다음 페이지의 그림에서는 3가지 단계로 정리하였으나, 각 단계를 거치면서 전체가 요소로 세분되는 것을 알 수 있다.

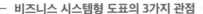

비즈니스 시스템형 도표의 3가지 관점

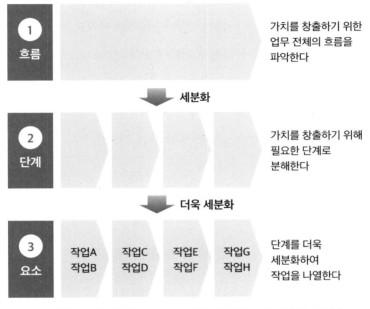

| 1 흐름 | | 가치를 창출하기 위한 업무 전체의 흐름을 파악한다 |

세분화

| 2 단계 | | 가치를 창출하기 위해 필요한 단계로 분해한다 |

더욱 세분화

| 3 요소 | 작업A 작업B | 작업C 작업D | 작업E 작업F | 작업G 작업H | 단계를 더욱 세분화하여 작업을 나열한다 |

3가지 관점(계층)으로 구분하여 정리하면, 가치 파악을 쉽게 할 수 있다

조사 업무 프로세스와 2차 가치를 설정한다

그럼 사례를 통해 본격적으로 살펴보자. 예컨대, 당신이 상사로부터 '슈퍼마켓과 편의점의 PB상품 현황을 조사해 주게'라는 지시를 받았다고 하자.

앞서 설명한 3단계를 거친다면, 우선 해야 할 일은 다음과 같다.

1. 창출해야 할 가치를 명확히 한다

당신은 상사가 단지 사례의 나열을 원하는 게 아니라 'PB상품의 성공 패턴을 찾고 추출하기를 기대하지 않을까?'라는 것을 눈치챘다. 그래서 창출해야 할 가치를 'PB상품의 성공 패턴을 규명한다'라고 설정하였다.

다음 단계는 아래와 같다.

2. 그 가치를 창출하는 프로세스에 대해 고찰하여, 이를 단계별로 분해한다.

조사 업무 절차는 그림과 같이 세분화할 수 있다. 프로세스 전체의 가치와는 별개로, 각각의 단계에서 창출한 가치(하위 가치)가 있다.

예를 들어, 1단계에 있는 '목적 확인'에서 가치는 '더욱 효과적으로 진행할 수 있도록 목적을 확인하는 것'이다.

마지막 단계는 아래와 같다.

3. 분해한 단계에 따라, 더욱 세분화한 작업으로 나열한다.

각각 누락이 생기지 않도록 상세 항목을 나열해야 한다. 예컨대 1단계 '목적의 확인'에서는 '조사 항목의 확인', '조사가 필요한 배경의 확인', '마감 일정 확인', '조사 대상과 범위 확인', '결과물의 수준(분량 및 완성도) 확인' 등의 작업이 필요할 것이다. 초기에 결과물의 수준을 확인해 두면 조사 부족이나 조사 과다를 방지할 수 있다.

2단계인 '결과물의 예상도 작성'에서는 '결과물의 형식 및 포맷 확인', '작성 도구(워드, 엑셀, 파워포인트 등) 확인', '유사 및 참고 안건 찾기', '결과물 예상도를 상사에게 보고' 등의 작업이 포함된다.

조사 업무 절차 및 하위 가치

절차		하위 가치
1단계	목적 확인	가장 효과적으로 진행할 수 있도록 목적을 확인
2단계	결과물 예상도 작성	불필요한 작업을 줄이기 위해, 적절한 결과물의 예상도 작성
3단계	가설 설정	합리적 가설을 수립
4단계	조사 실시	핵심을 파고드는 정보를 수집
5단계	결과물 작성	상사의 기대(품질, 마감일)에 부응할 수 있는 결과물을 작성

물론 여기서도 상사에 대한 보고, 연락, 상담은 불가결하다. 미리 협의해 두지 않으면 결과물이 상사의 기대에 어긋날 위험이 있기 때

문이다.

　3단계인 '가설 설정'은 '아이디어의 열거', '아이디어의 선별', '가설 설정', '가설에 대해 상사와 선배의 의견을 듣기' 등으로 세분화할 수 있다.

　'가설에 대해 상사와 선배의 의견을 듣는' 작업은 특히 중요하여, 이 단계에서 궤도 수정도 가능하다. 일단 조사를 시작하면 궤도를 수정하기 어렵다. 다시 시작하는 것은 매우 번거로우며, 시간과 비용 등의 경영 자원을 낭비하는 셈이 된다.

　4단계인 '조사 실시'는 '조사 대상의 결정', '조사 항목의 결정', '조사 방법(잡지, 신문, 서적, 인터넷, 인터뷰, 설문 조사 등)의 결정', '조사 계획 작성', '예비 조사 실시', '본 조사 실시' 등의 작업으로 나눌 수 있다.

　5단계인 '결과물 작성'에는 가장 중요한 '조사 결과 분석'이 있다. 조사가 부족하다고 판단되었을 때는 '추가 조사 실시', 상사의 기대에 부응하였을 때는 '결과물 작성' 등의 작업을 포함한다.

　비즈니스 시스템형 도표는 익숙해지면 머릿속에서 그릴 수도 있다. 하지만 처음에는 직접 종이에 써 봐야 한다. 누락이 있는지 없는지, 단계와 작업에 정합성이 있는지 어떤지를 확인하고, 완성된 후에

표에 따라 실행한다. 완성된 표는 손에 닿는 곳에 두고 체크리스트로 활용하는 것도 좋다.

'현재 자신이 어떤 작업을 하고 있는지', '다음으로는 어떤 작업을 해야 하는지', '어느 작업에서 지체되고 있는지', 진척도를 확인하거나 작업의 문제점을 파악할 때도 위력을 발휘한다.

또한, 팀을 짜서 업무를 진행하고 있을 때는 팀 전체의 표와 멤버 개인별 표를 따로 만들면 정보 공유가 원활해지며 팀의 '현재 위치'를 확인하기도 편하다.

상사와 고객으로부터 업무 요청을 받았다면 곧바로 움직이지 말고 우선하여야 할 업무의 전 과정을 비즈니스 시스템형 표로 정리해 보자.

그렇게 하면 업무 속도가 매우 빨라지며, '이 작업을 깜빡했다', '순서가 반대였다', '작업이 충분치 않았다' 등의 실수와 실패를 방지할 수 있으며, 업무의 정확도도 급상승한다.

비즈니스 시스템의 예: 대형 병원

다음 사례를 통해 고찰해 보자. 당신은 의료 기구 판매회사의 영업 담당으로, 대형 병원 A에 수술용 기구를 판매하라는 지시를 받았다.

그렇다면 어디서부터 시작하면 좋을까.

우수한 영업 사원이라면 느닷없이 영업 활동을 개시하지 않는다. 일단 고객의 수요를 철저하게 분석한다. 수요를 찾는 방법은 여러 가지가 있지만, 당신은 A병원의 수술 전과 후를 비즈니스 시스템형 표로 그려 보는 것부터 시작하기로 했다.

창출해야 할 가치는 '수술용 기구 등을 적절하게 준비, 사용하여 수술을 성공시키고, 수술 후에는 적절히 정리, 보관한다'라고 정의했다.

다음으로 가치를 창출할 수 있는 수술 전과 후의 프로세스에 대해 고찰하여, 이를 세분화하고 단계들이 연쇄적으로 나타나도록 표현하였다.

다음과 같이 수술 계획 수립부터 시작한다.

- 어떤 환자의 수술을
- 언제
- 어디서
- 어떤 목적으로
- 어떤 스태프가
- 어떤 기기, 물품, 위생제를 사용하여
- 어느 정도의 시간을 들여서
- 어떤 식으로 진행할지

상기 내용을 결정하여 계획서를 작성하기로 하였다.

다음은 수술 전과 후의 프로세스에 대해 총 8가지 단계로 나타내고 각각의 단계에 하위 가치를 설정하여 다음 그림과 같이 정리하였다.

수술 전과 후의 '비즈니스 시스템'

절차	하위 가치
1단계 수술 계획의 수립	누락이나 하자가 없도록 수립
2단계 물품, 약물, 위생제 준비	필요한 물품을 필요한 만큼 준비하여 항균 처리
3단계 수술실 준비	적절히 수술이 행해질 수 있도록 환경을 정리
4단계 조사 실시	환자의 증상과 수술의 진행 방식을 확인하고 정보를 공유
5단계 환자의 입실, 수술 전 처리	적절한 타이밍에 환자 입실 적절한 수술 전 처리를 실시
6단계 수술 실시	정확히 수술을 행하여 수술의 목적을 실현
7단계 환자의 퇴실	적절한 타이밍에 환자 퇴실
8단계 수술실 정리 및 청소	다음 수술을 위해 물품 등을 정리, 청소

물건이 아닌 서비스를 판매하라

수술을 안전하게 효율적으로 하려면 수술용 기구와 약물, 위생제 등의 의료 자재를 안정된 품질로 확보해 두어야 한다.

A병원에서는 매일 수많은 수술이 진행되며, 대량의 수술용 기구와 약물, 위생제가 사용된다. 이 병원의 경우 간호사가 의료 자재의 납품, 재고 파악 및 확인, 수술 시 사용하는 물품의 준비 등, 이른바 물품 관리를 담당하고 있었다.

그리고 수술실의 준비와 환자에 대한 수술실 안내 및 이송도 간호사의 역할이라 수술 전후의 간호사는 눈이 돌아갈 정도로 바쁘다. 최근 들어 그러한 업무 일부를 매뉴얼로 만들어 간호조무사에게 맡기게 되었지만, 매뉴얼 준비 및 교육, 확인 등의 업무가 새로 추가되어 간호사의 업무량은 더 늘었다.

당신은 A병원의 간호사를 대상으로 인터뷰를 진행하여 물품 관리에 시간이 상당히 많이 걸린다는 것을 파악했다.

물품 관리는 간호사의 본래 업무가 아니다. 간호사가 물품 관리에 들이는 시간을 본업인 간호 서비스에 쓸 수만 있다면, 간호 서비스의 품질도 향상될 테니 환자의 만족도도 틀림없이 올라갈 것이다.

그래서 당신은 A병원 수술실의 물품 관리 업무 자체를 맡는 것이

어떨지 생각해 보았다. 메스나 겸자 등의 상품이 아니라, 물품 관리라는 서비스를 판매하는 것이다.

구체적으로 말하면, 수술실의 물품 관리를 담당할 스태프를 파견하여 수술실의 준비부터 수술 후의 정리까지 전 과정을 담당하는 형태다.

단순히 메스나 겸자 등을 판매한다면 경쟁사도 많으니 가격 승부를 피할 수 없다. 그러나 물품 관리 서비스라면 경쟁이 적다. 병원 측에서 한번 계약을 체결하여 편리함을 깨닫기만 한다면 반영구적으로 거래를 계속할 가능성도 있다.

거기다가 수술실에 스태프를 파견하는 형태이므로 의사와 간호사 등 병원 측 직원들과 긴밀히 소통할 수 있으며 인간관계를 구축하거나 병원 내 정보를 수집하기도 수월하다.

자사가 제공할 수 있는 고객 편의를 찾아낸다

수술실의 물품 관리를 업체에 의뢰하면 간호사 대신 파견된 수술실 전담 직원이 번잡한 관련 업무를 도맡아서 하게 된다.

그러면 간호사는 남는 시간에 수술 전 환자에게 방문해 환자의 정보를 수집하고, 급한 환자의 대응과 의사와의 연락 및 조정 등의 업무 등 간호 업무에 집중할 수 있게 된다.

　당신은 회사를 설득하여 필요한 준비를 마친 후, 의료 기관을 대상으로 한 물품 관리 서비스 사업을 시작하였다. 팸플릿을 만들어 A병원을 시작으로 병원 이곳저곳에 제안을 한 결과, 많은 병원에서 긍정적인 답변을 받았다. 물품 관리 서비스는 의료 기관의 현장 수요에 부합했다는 의미다.

　이렇게 당신은 고객과 자사에 이점이 되는 가치를 창출하는 데 성공했다. 자사의 강점을 알기 위해서는 자사의 상품과 서비스가 고객에게 제공하는 가치를 찾아야 한다. 그리고 그 가치를 발견하는 것이 최종적으로 경쟁 우위를 살린 비즈니스 전략 수립으로 이어진다.

8장

설득력 있는 전달 방식
'PREP법'

상사가 시간을 내 주지 않을 때

자신의 주장을 상대방에게 더 잘 전달하고 싶다는 고민은 직장인이라면 대부분 갖고 있을 것이다.

예컨대, 엄청나게 바쁜 시기에 클라이언트의 클레임 대응으로 정신이 없는 상사에게 판단을 요청하고 싶은 건이 있다고 하자. 그럴 때 당신은 어떻게 이를 전달하겠는가.

당신은 중요한 클라이언트에게 제출할 기획서를 작성하는 중이고, 내일 오전까지 초안을 완성할 예정이다. 그런데 내용 중 몇 가지는 상사의 판단을 받아야 완성할 수 있다.

'오전 중에는 어렵고, 점심시간 후 오후 2시 정도라면 상담할 수 있을지 몰라.'

이렇게 상대방의 사정을 고려하여 상사가 자리에 앉은 순간 다음과 같이 말을 걸었다.

"과장님, 내일 오후 2시에 잠깐 시간 좀 내 주실 수 있을까요?"

그 말을 들은 과장은 약간 화가 난 표정으로 이렇게 대답했다.

"지금 그럴 여유가 없다는 건 자네도 잘 알고 있을 텐데. 이쪽 일이 좀 정리되면 시간은 얼마든지 내 줄 테니까, 다음에 얘기하지."

당신은 어찌할 바를 모르게 되었다. 아무리 클레임 대응으로 바쁘다지만, 10분 정도는 내 줄 수 있지 않은가. 상사는 왜 그렇게 차가운 말투로 거절했을까.

상사가 거부한 3가지 이유

당신은 상사에게 말할 때 3가지 실수를 저질렀다.

첫 번째로 당신의 개인적인 사정을 구실로 상사의 시간을 잡아먹으려 한 것이다. 이것이 가장 큰 실수다.

비즈니스에서는 클라이언트를 우선하여 대응해야 할 경우가 많다. 하물며 상사는 클레임에 대한 대응으로 바쁘고 상대방의 사정에 맞추어 대응해야만 하는 상황이라 여유가 없다.

실제로 당장 내일 예정도 알 수 없으며, 경우에 따라서는 클라이언트의 갑작스러운 호출에 대응해야 할 수도 있다. 그래서 쉽게 다른 일정을 집어넣을 수 없는 상황이다. 그런 와중에 당신이 일방적으로 시간을 예약하려고 했으니, 상사가 화를 낼 만하다.

두 번째로, 어느 정도의 시간이 필요한지 알 수가 없다는 점이다.

상담이 5분 만에 끝날지, 30분 이상 걸릴지, 당신의 표현만으로는 상사가 판단하기 어렵다.

이런 경우 상담 시각만을 지정하여 요청하면, 어느 정도 시간을 할애해 주길 바란다는 식으로 해석되기 때문에 상사가 거부 반응을 보이게 된 것이다.

세 번째는, 애당초 용건이 무엇인지 알 수가 없다는 것이다.

갑자기 "내일 시간 있습니까?"라고 부하가 물어보면, 상사는 '혹시 퇴사를 생각하는 건가?'. '개인적으로 곤란한 문제라도 있나?' 등 긴장하게 된다.

가뜩이나 바쁜 시기에 한 명이라도 인원이 줄어들면 업무에 지장을 줄 수 있고, 또 그런 번거로운 문제는 미뤄 두고 싶기 때문에 그렇게 무뚝뚝하게 반응한 것일지도 모른다.

서두에 업무 관련 상담이란 것을 전해 두었다면 상사에게 쓸데없는 고민거리를 안겨 주는 상황은 피했을 것이다.

용건과 소요 시간을 동시에 전달한다

그럼 어떤 식으로 말을 하는 게 좋을까. 아래와 같이 말하는 것이 가장 바람직하다.

"과장님, ○○ 관련 건으로 지금 5분 정도만 시간 내 주실 수 있을까요?"

처음에 '용건이 무엇인지(→○○ 관련 건)', '몇 분 걸리는지(→5분)'를 전달하면, 상사도 "그 건 말이군. 좋아, 대신 보고는 간략하게 해 주게."라고 그 자리에서 곧바로 귀를 기울여 줄지도 모른다.

혹은, "지금 좀 바쁘니까 30분 후에 해 주겠나.", "일단 책상 위에 기획서를 갖다 놓으면 나중에 보겠네."라는 식으로, 상사 쪽에서 대안을 제시해 줄 수도 있다.

물론, '5분만'이라는 말은 어디까지나 상사에게 '오래 잡아 두지 않는다'라고 안심하게 만드는 방편이니 꼭 5분 이내로 끝내야 하는 건 아니다.

당연히 당신은 간결하면서도 신속하게 요점만 설명해야 하지만,

이야기를 듣기 시작하면 상사는 대체로 자신이 납득할 때까지 설명을 요구할 것이다. 즉, 상사가 이야기를 듣기 시작하면 목적을 달성한 것과 마찬가지다. 상대가 그만두라고 할 때까지 몇 분이고 설명하면 된다. 처음에 '5분'이라고 전달함으로써 상대방이 거절하기 힘든 상황을 만드는 것이다.

이처럼 상대방에게 말을 할 때, 배려와 요령을 고려하면 수월하다.

상사가 판단을 내려 주지 않는 한, 당신의 업무는 정체될 수밖에 없다. 그런 식으로 일의 지연이 발생되면 단순히 하루 이틀이 아니라 그 이후의 일정에도 영향을 미칠 수 있다. 상사에게 요령 있게 말을 걸어 상사와의 시간을 확보해야 한다는 것을 명심하도록 하자.

짧은 시간 동안 용건을 전하는 '엘리베이터 테스트'

상사가 "5분이면 괜찮아."라고 대답했다면, 당신은 간략히 요점만 전달해야 한다. 이럴 때는 보고에 효과적인 프레임워크를 활용하여 신속하게 상사에게 요점을 전달하도록 하자.

보고할 때 효과적인 프레임워크에는 몇 가지가 있다. 그중 맨 처음 소개할 것은 '엘리베이터 테스트(브리핑)'다.

엘리베이터 테스트란, 바쁜 상대방(임원이나 상사 등)에게 엘리베이터를 타고 이동할 정도의 짧은 시간 동안 중요한 보고를 하거나 승인,

판단을 요청하는 프레임워크다.

단, '엘리베이터를 타고 이동하는 정도'의 짧은 시간밖에 없다. 초고층 빌딩의 엘리베이터라도 1층에서 최상층까지 길어 봤자 1분 정도다. 1분에 200미터를 이동하는 고속 엘리베이터라면 30초 만에 최상층까지 도착한다. 엘리베이터 테스트는 그런 극히 짧은 시간 동안 상대방에게 문제의 개요 및 요점을 간결히 전달하는 것이다. 사람들은 대부분 '30초밖에 시간이 없으니 모든 것을 설명하긴 무리다', '특별한 전달 방식을 터득하지 않으면 불가능하다'라고 생각한다.

그렇지만 잘 생각해 보길 바란다. 30초는 15초의 TV 광고로 치면 2개의 길이다. 만약 30초짜리 광고라고 가정하면, 상품명과 상품의 효과 및 매력 등 많은 정보를 시청자에게 전달하기에는 충분하다.

요컨대 당신이 문제를 명확히 파악하고 요점을 정리할 수 있다면, 짧은 시간이라도 간결하면서 정확하게 설명할 수 있을 것이다.

엘리베이터 테스트는 원래 핵전쟁 등의 중대한 위기가 발발했을 때, 미국의 대통령이 엘리베이터를 타고 지하 사령부에 내려가는 몇 분 동안을 효과적으로 활용하기 위한 수단으로 맥킨지에서 미국 정부에 제안한 것이다.

예컨대 어떤 나라에서 미국 본토를 향해 ICBM(대륙간 탄도 미사일)을 발사했다고 하자. 그러면 미국의 정찰 위성이 이를 포착하여 감시원이 '미사일이 발사되었다'라고 곧바로 국방성(펜타곤)에 연락하게 된다.

이를 들은 정보원은 합참의장이 엘리베이터를 타고 1층에 내려가는 동안 그 사실을 보고하고 결과적으로 어떤 일이 벌어질지(상황 판단)에 대해 설명하며, 다음에 어떤 행동을 취해야 할지 제안 또는 의견을 제시해야 한다.

정리하자면 '사실 보고' → '상황 판단' → '제안'이라는 흐름이 된다.

사실 보고	어떤 나라에서 미국 본토를 향해 ICBM을 발사하였다
상황 판단	태평양 상공에서 요격하지 못할 경우, 국토의 광범위한 파괴 및 다수의 사상자가 발생할 것이다
제안 (의견 상신)	곧바로 요격 체제를 갖추고, 동시에 해당 국가에 대한 공격을 개시한다

보고를 들은 의장은 곧바로 백악관에 있는 대통령에게 연락하여, 마찬가지로 보고한다.

대통령은 보고받은 후, "곧바로 요격 미사일을 발사하고 태평양 상공에서 격추하라", "미사일이 도달할 것이라 예상되는 지역의 국민을 방공호에 피난시켜라", "해당 국가에 대한 핵 공격을 개시해라(미사일

버튼을 누른다)" 등의 명령을 내릴 것이다.

지구상 어느 위치에서 발사된다고 해도, ICBM이 미국 본토에 도달하는 데 걸리는 시간은 수십 분 정도다. 발사 후 십여 분 안에 의사결정을 못 하면 미국이 지도에서 사라져 버릴 수도 있다. 이러한 국가의 운명을 짊어지는 중압감을 가정한 프레임워크이므로 단시간의 브리핑 상황에도 적합하다고 할 수 있다.

위 사례는 극단적이긴 하지만 엘리베이터 테스트는 일반적인 직장인에게도 매우 유익한 프레임워크다. 만약 시간이 별로 없을 때는 5W1H(언제, 어디서, 누가, 무엇을, 왜, 어떻게)나 기승전결 등을 지나치게 신경 쓰지 않아도 된다.

사실 보고 → 상황 판단 → 제안 순서로 보고

다른 사례에 대해서도 생각해 보도록 한다.

예컨대, 당신이 컨설턴트이며 상사가 생리용품 제조사의 신제품 개발 업무를 지시했다고 하자.

인구가 감소하고 있는 사회이기에 생리용품 시장도 조금씩 축소되고 있다. 저출산 고령화가 더 진행되면 시장 자체가 6장의 프로덕트 라이프 사이클에서 말한 '쇠퇴기'를 맞이할 가능성도 높아진다.

이 때문에 당신은 고부가가치 상품을 투입하여 일반 대상의 상품과 차별화하고 가격을 올리는 작전을 고안했다. 단, 경쟁사 또한 동일한 전략을 취하고 있어서 타사가 따라 할 수 없는 획기적인 신제품을 개발하기 곤란한 실정이다.

그래서 당신은 타깃 자체를 바꾸어, 생리용품 제조 기술을 응용하면 고령자를 타깃으로 기존에 없던 기저귀를 개발할 수 있지 않을까 하고 생각했다. 상사의 지시는 '생리용품의 신상품 개발'이기 때문에, 서둘러 타깃 변경에 대해 상사의 재가를 받아야 한다. 당신은 바빠 보이는 상사를 쫓아가서 엘리베이터에 함께 타고 엘리베이터 테스트를 진행했다.

그럼, ICBM 사례를 통해 배운 대로 '사실 보고', '상황 판단', '제안' 순으로 보고해 보자.

사실 보고	생리용품 시장은 줄어들고 있으며 저출산 고령화의 영향으로 앞으로도 계속 축소될 가능성이 높다
상황 판단	경쟁사는 일반 생리용품 쪽은 거의 포기한 상태로, 고부가가치 상품을 투입하려 하고 있으며, 여기서 차별화하기는 어렵다
제안	클라이언트의 기술력을 살려, 고령자 대상의 기저귀로 신제품 개발을 고려했으면 한다

상사는 당신이 말을 끝내자 곧바로 결단을 내렸다. 엘리베이터의 문이 열리기도 전에, 당신의 제안에 대해 진행하라고 지시한 것이다. 상사의 승인도 얻었으므로 당신은 안심하고 기획서 작성 작업에 들어갈 수 있다.

결론을 먼저 말하는 'PREP법'

그런데 '엘리베이터 테스트'는 사실 보고에서 시작하기 때문에 성미가 급한 상사들은 '요점만 말하라', '결론을 먼저 얘기하라'고 할지도 모른다.

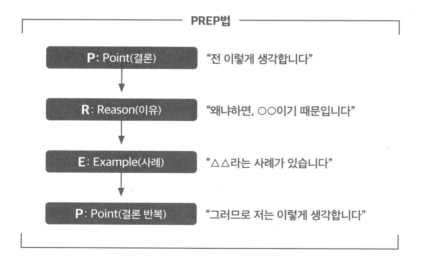

이어서 소개할 'PREP법(결론·이유·사례·결론 반복)'은 결론부터 먼저 말하는 프레임워크이며, 성미가 급한 상사에게도 잘 통하는 전달 방식이다.

엘리베이터 테스트와 마찬가지로 시간이 없는 상황에서 상사나 클라이언트에게 보고하거나 프레젠테이션할 때 유용하다. 또한 구두가 아닌 서면으로 보고서나 레포트를 작성할 때도 큰 도움이 된다.

PREP란 'Point(결론)', 'Reason(이유)', 'Example(사례)', 'Point(결론 반복)'에서 앞 글자를 딴 것이다. 처음에 결론을 말하고, 이어서 이유와 근거를 제시하며, 이를 보완할 수 있는 구체적인 사례를 든 다음, 마지막으로 한 번 더 결론을 반복한다.

예컨대 조금 전 사례를 통해 보면, 다음과 같이 나타낼 수 있다.

P 결론	클라이언트의 기술력을 살려, 고령자 대상의 기저귀 신제품 개발을 제안하고자 한다
R 이유	생리용품 시장은 줄어들고 있으며 저출산 고령화의 영향으로 앞으로도 계속 축소될 가능성이 높다
E 사례	예컨대, 'P&G'는 일본 내에서 높은 점유율을 차지하는 생리용품인 '위스퍼' 시리즈의 판매를 종료하였다. 그 이유는 '시장 점유율과 성장 가능성을 고려한 결정'이라고 한다

P 결론 반복	저출산 고령화의 영향으로 고령자는 증가 추세며, 관련 문제도 많이 발생하고 있다. 클라이언트의 기술력을 살린다면, 고령자 대상 시장에서 우위를 차지할 수 있는 상품의 개발이 가능하다. 따라서 고령자 대상 기저귀의 개발을 제안하고자 한다

맨 처음에 결론을 제시하면, 상대방은 무엇을 말하고 있는지 '주제'를 빠르게 이해할 수 있다. 또한 이를 듣고 결단을 내리기 쉽기 때문에 바쁜 상대방을 짜증 나게 할 일도 없을 것이다.

PREP법은 비즈니스에서뿐만 아니라, 일상생활에서도 적용 가능하다. 예를 들어, 사귀는 상대에게 프러포즈를 한다고 상상해 보자. 사실 사람들은 대부분 자기도 모르게 자연스럽게 PREP법을 활용하고 있다. 아래와 같은 식이다.

P 결론	저와 결혼해 주세요
R 이유	저는 당신과 행복한 가정을 꾸릴 수 있습니다
E 사례	당신과는 처음 만났을 때부터 과장이나 꾸밈없이 지낼 수 있었고, 긴장하거나 허세를 부리는 일도 없었습니다
P 결론 반복	결혼하면 함께 오랜 시간을 보내게 됩니다. 그러니 자연스러운 나로 지낼 수 있는 당신과 함께하고 싶습니다. 저와 앞으로의 인생을 함께하지 않으시겠습니까?

자, 어떤가. 주저 없이 '네'라고 대답하고 싶어지는 프러포즈라고 생각하지 않는가.

자신의 주장을 뒷받침하는 3가지 근거

지금까지 보았듯이, PREP법은 보고와 상담 등을 할 때 효과를 발휘하는 프레임워크이다. PREP법을 활용할 때는 '주장 + 3가지 근거'라는 프레임워크를 함께 쓴다.

'주장 + 3가지 근거'란 자신이 전달하고자 하는 주장과 이를 뒷받침하는 이유(근거)를 3가지 제시하는 방식이다. 이것을 병용하면 주장에 대한 설득력을 강화할 수 있다.

예컨대 식품 회사의 사원이 '영유아 대상의 상품을 동남아시아 시장에 투입해야 한다'라는 주장을 전달하고 싶다고 하자. 이 사원은 자신의 주장을 전할 때 3가지 근거도 동시에 들고 있다.

주장	우리 회사는 동남아시아에 진출해야 한다
근거 1	일본의 시장은 저출산 고령화가 진행 중이며, 영유아 대상의 식품 시장도 쇠퇴하고 있다
근거 2	경쟁사들이 연이어 중국 시장에 진출하고 있으나, 이미 중국 시장에는 해외 기업이 다수 진출하고 있으며 자국 기업들도 주력

하고 있다. 경쟁이 극심하므로 영유아 대상의 식품 시장에 진입
하더라도 점유율 확대가 어려울 것이 뻔하다

| 근거 3 | 한편 태국, 인도네시아, 말레이시아 등 동남아시아에서는 영유아 대상의 식품 시장이 막 태동한 단계라 강력한 경쟁자가 없다 |

또한, 근거를 더 늘리고 싶을 때는 근거 4와 5를 새로 추가하지 말고, 근거 1에서부터 3까지를 세분화하여 근거 1-1, 근거 1-2, 근거 1-3이라고 계층화하는 편이 낫다.

그렇게 하면 상대방이 더 이해하기 쉽고 설득력도 높아진다. 위 사례로 예를 들 경우, 근거 1을 세분화하면 다음과 같다.

근거 1-1	프로덕트 라이프 사이클로 보면, 일본의 영유아 대상 식품 시장은 성숙기를 지나 쇠퇴기를 맞이하고 있다
근거 1-2	만혼 및 비혼이 급속도로 늘어나면서 주요 타깃인 영유아 인구 자체가 감소하고 있다
근거 1-3	영유아 인구가 조기 회복할 것이라고 예상하기는 힘들다

근거는 3의 배수로 계층화한다

근거를 세분화할 경우, 3의 배수가 될 수 있게 신경 쓰도록 하자(이유는 후술).

3개의 근거를 각각 세분화하여 3개의 하위 근거를 나열하면 합계 12개(3+9)의 근거가 된다.

병렬적으로 12개의 근거를 제시하면 너무 많아서 오히려 이해하기 어려워지므로, 계층화하는 편이 더 상대방이 알기 쉬우며 이해의 정도도 높아진다.

하지만 근거가 늘어나 정보량이 많아지면 구두 보고만으로는 전달할 수 없다. 따라서 상대방이 이해하기 쉽게 자료를 준비하는 것이 좋다.

더 자세하게 서술해야 할 경우에는 하위 근거를 다시 세분화하여 3개로 나눌 수도 있다. 그러면 39(3 + 9 + 27)가지 근거를 제시하는 것이 된다. '아무리 그래도 너무 많은 거 아냐?'라고 생각할지 모르나, 기업의 외적 요인과 내적 요인을 하나씩 찾다 보면 3단계가 되는 경우도 적지 않다.

PREP법과 병용할 경우, PREP의 'P(결론)'가 '주장 + 3가지 근거'의 '주장'에 해당하며, 'R(이유)'이 '근거'가 된다.

이 점을 고려하여 근거를 3가지 제시한다면, 'PREP법'과 '주장 + 3

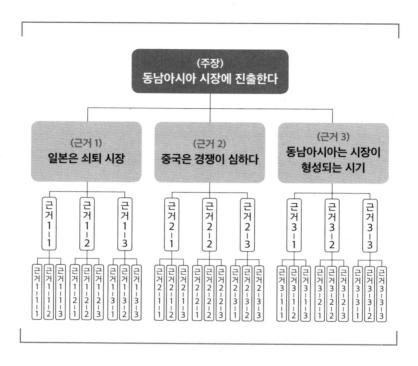

가지 근거'의 장점이 합쳐져서 상승효과를 낼 수 있다.

숫자 3을 기억하자

앞에서 '3의 배수가 되도록 신경 쓴다'라고 말했는데, '주장 + 3가지 근거'의 '3'이라는 숫자가 실은 매우 중요하다.

예컨대 프레젠테이션을 할 경우 "여기서 중요한 것이 3가지 있습니다"라고 말하는 게 좋다. '3'이라는 숫자는 많지도 적지도 않으며 상대방에게 인상을 남기기 쉽기 때문이다.

한편 '2'나 '1'은 부족한 감이 있으며, '4' 이상이 되면 상대방이 한 번에 전부 파악하기 어렵고 기억할 수 없다. 거기다 '3'이라는 숫자는 인지심리학에서도 매우 중요하다.

기독교의 '삼위일체', 인도 철학의 '3덕' 등의 경우를 보면 알 수 있듯이, 철학 및 종교에서도 3은 중요한 숫자로 인식된다.

이런 점 때문인지 3은 마법의 숫자라고 하는 사람도 있을 정도이며, 실제로 이 책에서 소개한 '하늘·비·구름'과 '3C 분석' 프레임워크 또한 3가지 요소로 성립되어 있다.

전달할 때는 '곱하기 3의 마력'을 활용한다

예를 들어, "주요 사항이 3가지 있습니다"라고 설명하면서 주요 사항 1개당 1장의 자료로 정리하여 총 3장의 자료를 준비하는 것이다.

물론 1장의 자료 안에 모든 내용을 담을 수 없을 때도 있다. 그럴 때는 주요 사항 1개당 3장의 자료를 준비하여 요점 및 근거, 데이터 등을 기재한다.

요컨대 주요 사항 3가지를 제시할 때는 각각의 사항별로 3장씩, 총 9장의 자료를 작성한다. 만약 그래도 부족할 경우에는 주요 사항

1개당 9장의 자료를 준비하고 거기에 요점, 근거, 데이터 등을 기재하도록 한다.

이것을 나는 '곱하기 3의 마력'이라고 부른다.

앞서 말한 '동남아시아 시장 진출' 사례에서도 '주장 + 3가지 근거'를 세분화한 그림을 보면 '곱하기 3의 마력'을 나타내고 있다.

3장, 9장, 27장, 81장…… 이렇게 3을 곱한 숫자만큼 자료를 작성하도록 하자. 결과물에 대한 이미지를 갖고 자료를 정리하는 것을 습관화하면 업무의 질과 속도가 향상된다.

맥킨지에서 근무하던 시절, "전달할 때는 3가지 주요 사항으로 정리해야 한다. 그러면 소통을 원활하게 할 수 있다"라는 말을 자주 들었다.

프레젠테이션용 자료, 보고서, 제안서 등을 작성할 때도 '3'이라는 숫자를 의식하여 최종 결과물에 대한 이미지를 그려 간다면, 자신의 생각과 아이디어를 정확히 전할 수 있을 것이다.

피라미드처럼 로직을 쌓아 올리는 '피라미드 구조'

이 장의 마지막으로는 '주장 + 3가지 근거'를 도식화할 때 도움이 되는 '피라미드 구조'라는 프레임워크를 소개하려고 한다.

가장 단순한 형태의 피라미드 구조는 맨 위에 핵심이 되는 '메시지(결론)'가 들어간 헤드라인을 배치하고, 그 아래에 메시지를 도출한 '이유', 또 그 아래에 '근거가 되는 사실' 등을 작성한다.

만약 근거가 되는 사실이 제대로 검증되지 않은 경우라면 이유와 메시지가 취약해지며, 상대방을 납득시킬 수 없게 된다.

피라미드 구조는 메시지와 이유, 근거가 되는 사실 등 3가지 요소를 피라미드처럼 아래에서부터 쌓아 올려 서로 지탱하는 형태로 만들어야 한다. 빈틈없이 밀착하여 논리에 구멍이 없어야 한다.

이유나 사실 등에 하나라도 문제가 있거나 불충분한 부분이 있으면 피라미드는 무너지며 아무 설득력도 없게 된다. 물론 다른 프레임워크와 마찬가지로, 피라미드 구조 또한 일상생활에서도 응용이 가능하다.

예컨대 '토익 시험에서 900점 이상을 받고자 한다'는 목표를 세웠다고 하자. 그 이유로, '영어 회화 강사로서 역량 강화를 하고 싶다', '유학을 생각하고 있다', '취미인 외국 영화 및 드라마를 제대로 즐기고 싶다' 등을 들 수 있다.

그중 '영어 회화 강사로서 역량 강화를 하고 싶다'라는 이유의 근거가 되는 사실은 '중학생과 고등학생 대상의 강의가 메인이었지만, 성인 대상의 강의도 개강하고 싶다', '원생 모집 시 좋은 모습을 보이

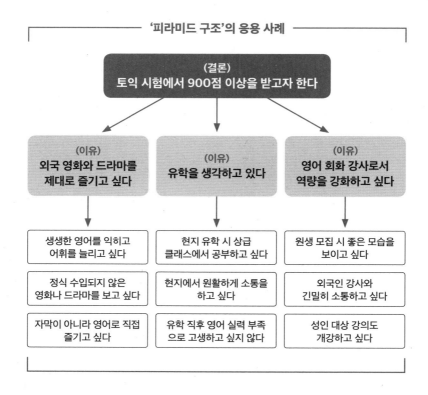

'피라미드 구조'의 응용 사례

（결론）
토익 시험에서 900점 이상을 받고자 한다

（이유）
외국 영화와 드라마를
제대로 즐기고 싶다

（이유）
유학을 생각하고 있다

（이유）
영어 회화 강사로서
역량을 강화하고 싶다

생생한 영어를 익히고
어휘를 늘리고 싶다

현지 유학 시 상급
클래스에서 공부하고 싶다

원생 모집 시 좋은 모습을
보이고 싶다

정식 수입되지 않은
영화나 드라마를 보고 싶다

현지에서 원활하게 소통을
하고 싶다

외국인 강사와
긴밀히 소통하고 싶다

자막이 아니라 영어로 직접
즐기고 싶다

유학 직후 영어 실력 부족
으로 고생하고 싶지 않다

성인 대상 강의도
개강하고 싶다

고 싶다' 등을 들 수 있다.

'유학을 생각하고 있다'라면, '유학 직후 영어 실력 부족으로 고생하고 싶지 않다', '현지에서 원활하게 소통하고 싶다' 등이 되겠다.

그리고 '취미인 외국 영화와 드라마를 제대로 즐기고 싶다'라면, '자막이 아니라 영어로 직접 즐기고 싶다', '아직 정식으로 수입되지 않은 영화와 드라마를 보고 싶다' 등으로 나타낼 수 있다.

이처럼 구조화를 하게 되면, 결과물을 전달할 때도 설득력이 높아지며, 상사와 클라이언트가 납득할 만한 보고 및 제안을 할 수 있다.

8장에서 배운 프레임워크를 활용하여 신속하고 간결하게 내용을 전달할 수 있게 되면, 상대방과의 소통이 원활해지며, 비즈니스 및 일상생활에서도 큰 도움이 될 것이다.

9장

행동하고 개선하여 목표를 달성하는 '경험학습모형'

문제를 해결할 때 사용하는 2가지 방법

우리는 누구나 많든 적든 어떤 과제나 문제에 직면하고 있다. '이걸 어떻게든 해야 한다', '이 상황을 타개하고 싶다' 등, 누구나 업무나 일상에서 문제 해결에 도전하게 된다.

이러한 '문제 해결'의 수준은 2가지로 구분된다. 먼저, 지금 벌어진 문제를 그대로 해결하는 것이다.

예컨대 '머리가 아프다'라는 문제에 대해 '진통제를 먹는다'로 대응하면, 결과적으로 통증은 멎을지도 모른다. 이것은 '아프다'라는 문제에 '진통제를 먹는다'라는 '대중 요법'을 사용한 것이다.

통증이 없어졌기 때문에 일단은 문제 해결이라고 할 수 있지만, 근본적인 원인이 해결되지 않은 경우가 많으며 진통제의 효과가 떨어지면 통증이 다시 찾아올 가능성이 높다.

만약 뇌의 혈류가 막혀 있는 것이 통증의 원인이었다면, 서둘러 의사의 진료를 받고 혈액의 흐름을 개선하는 약을 먹는 등의 치료를 시작해야 할 것이다. 또한 혈액 순환을 더 좋게 만들어 주는 식생활을 하거나, 건강을 위해 운동을 시작하는 것도 방법이 될 수 있다.

바로 이것이 두 번째 문제 해결이며, '진정한 문제 해결'이라 할 수 있다. 요컨대, 첫 번째 문제 해결은 '표면적인 문제 해결'이며, 두 번째 문제 해결은 '더욱 깊은 수준의 문제 해결'이라고 바꾸어 말할 수 있다.

따라서 당신이 직면한 문제를 어느 수준으로 해결하는가에 따라, 문제 해결의 정확도 및 효과가 달라진다.

대중 요법은 진정한 문제 해결법이 아니다

구체적인 사례를 통해 살펴보자. 당신은 빨래방을 운영하는 회사의 마케팅 담당자로, 매출이 떨어지고 있는 A지점의 타개책을 마련해야 한다고 가정해 보자.

당신은 A지점의 주변을 탐사해 보고, 최근 몇 개월 동안 경쟁사가 지점을 늘린 것을 알게 되었다.

경쟁사는 신규 오픈 이벤트를 개최하여 대폭 할인 행사를 하고 있다. 이를 본 당신은 '오픈 이벤트에 손님을 빼앗겨 경쟁에서 지고 있다'고 생각하여, 문제를 해결하기 위해 경쟁사에 대항하여 할인 행사를 시행하기로 했다.

신문에 행사 안내 전단을 넣은 광고를 진행하였다. 안내 전단을 들고 오면 할인해 주어 경쟁사보다 저렴한 가격으로 서비스하는 이벤트를 실시한 것이다.

그 결과, 처음 며칠은 안내 전단을 들고 온 손님으로 인해 이용자 수가 증가했다. 하지만 이벤트 기간이 끝나자 이용자 수가 감소하기 시작하여, 순식간에 원래 매출로 돌아왔다.

당신은 매출이 떨어지자 당황하여 다시 할인 행사를 시행하자고 했지만, 상사는 효과가 없으리라 판단하여 승인해 주지 않았다.

이제 당신은 고민거리를 떠안게 되었다.

전단 광고 대책에 대해 다시 한번 생각해 보자. 매출이 떨어졌다는 문제에, 매출의 회복을 노리고 이벤트를 실시하거나 행사를 기획하는 건 사실 대증 요법적인 해결 방안에 불과하며 이는 진정한 문제 해결이 되기 어렵다.

대증 요법적인 해결에 그치고 근본적으로 문제를 해결할 수가 없다면, 결국 그 이후에도 똑같은 상황이 벌어질 것이며 애초의 목적도 달성할 수 없게 된다.

문제가 생겼을 때 진정한 원인을 찾아 효과적인 해결책을 강구하고 적절한 타이밍에 이를 실행해야 문제를 해결할 수 있다.

할인 이벤트가 해결책이 되지 못한 이유에 대해 조금 더 깊이 생각해 보자.

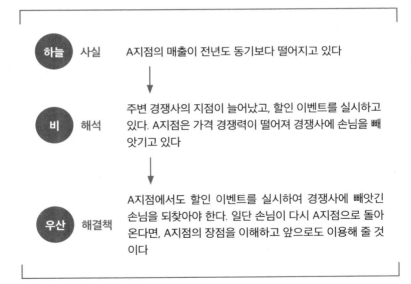

하늘 사실 A지점의 매출이 전년도 동기보다 떨어지고 있다

비 해석 주변 경쟁사의 지점이 늘어났고, 할인 이벤트를 실시하고 있다. A지점은 가격 경쟁력이 떨어져 경쟁사에 손님을 빼앗기고 있다

우산 해결책 A지점에서도 할인 이벤트를 실시하여 경쟁사에 빼앗긴 손님을 되찾아야 한다. 일단 손님이 다시 A지점으로 돌아온다면, A지점의 장점을 이해하고 앞으로도 이용해 줄 것이다

당신은 1장에서 소개한 '하늘·비·우산' 프레임워크에 따라 해결책을 제시했다.

당신은 충분히 고민했다고 여기겠지만 결과적으로 보면 할인 이벤트는 실패하고 말았다. 어디에 함정이 있었을까.

'경쟁사'뿐 아니라 '고객', '자사'의 관점에서도 검토한다

"더 고객 관점에서 생각하도록"이라고 상사에게 지적받은 당신은 다시 한번 A지점의 현 상황을 '하늘·비·우산' 프레임워크를 통해 생각해 보았다. 상사가 '고객 관점에서'를 강조했으므로 이번에는 '3C 분석' 프레임워크도 함께 적용하였다.

지난번 조사 때는 경쟁사의 할인 이벤트를 발견한 것만 신경 쓴 나머지, 이후에도 경쟁사 이외에는 생각하지 못했다. 그래서 해결책도 경쟁사에만 초점을 맞추게 되었다.

따라서 이번에는 '3C 분석'을 도입하여, 'Competitor(경쟁사)'뿐만 아니라, 'Customer(고객·시장)'와 'Company(자사)'도 관찰하기로 했다.

우선, '어떤 고객이 경쟁사를 이용하고 있을까?'라고 생각한 당신은, 경쟁사의 상황과 고객 행동에 대해 다시 조사를 진행하였다. 그 결과 경쟁사에는 대형 세탁기와 대형 건조기가 5대씩 있고, 10대 모두 온종일 가동하고 있다는 것을 알게 되었다.

주변은 주택가이며 가족 단위로 많이 거주하는 지역이다. 주민들은 이불이나 담요 등의 침구와 두꺼운 의류, 대형 커튼 등을 빨래방으로 가져와 세탁하고 있다.

한편, A지점은 프랜차이즈 빨래방의 기본 설비만 배치되어 있다. 대형 세탁기는 5대 있지만 대형 건조기는 2대 밖에 없었다. 침구나 커튼 등의 세탁 및 건조를 하기엔 불편하다. 손님 대부분은 침구와 커튼을 세탁할 때 의류도 함께 넣기 때문에 결과적으로 A지점은 고객을 빼앗기게 된 것이다.

'경쟁사'에다가 '고객'과 '자사'의 관점을 넣어 검토해 보니, 처음 조사 때는 보지 못했던 사실이 나타나게 되었다.

이러한 새로운 사실을 토대로, 당신은 해결책을 고안했다. 설비를 새로 들이기엔 비용과 시간이 필요하다. 예산을 고려하니 한 번에 건조기를 교체하는 것은 불가능했다.

하지만 중형 건조기라도 이불 하나 정도는 충분히 처리할 수 있다. 대형 건조기에 비해 요금도 저렴하므로, 가성비를 비교한 이벤트 고지문을 작성하여 근처에 배포하였다.

그리고 자사에서 실시 중인 키핑박스(수납) 사업과 연계하여, 침구와 의류 보관 서비스를 추가하였다. 예컨대 세탁 및 건조를 마친 겨울용 침구와 의류를 다음 시즌까지 보관해 주는 것이다.

고객에게 직접 인터뷰를 진행해 보니 '침구와 의류 등의 수납공간이 부족하여 고민이다'라는 의견이 많아서 떠올린 아이디어였다.

상기 이벤트는 성공을 거두어, 조금씩 손님들이 돌아오기 시작했다. 또한, 보관 서비스도 인기를 끌어, 기존 고객뿐만 아니라 신규 고객 유치로 이어졌다.

이러한 일련의 해결책을 다시금 '하늘·비·우산'으로 정리해 보자.

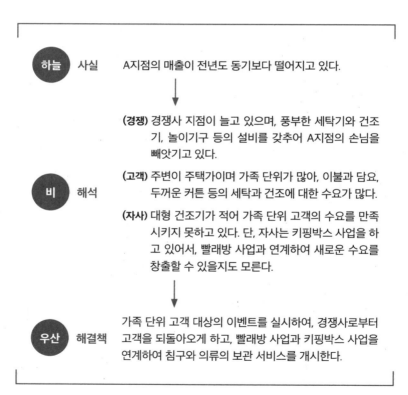

하늘 사실 A지점의 매출이 전년도 동기보다 떨어지고 있다.

(경쟁) 경쟁사 지점이 늘고 있으며, 풍부한 세탁기와 건조기, 놀이기구 등의 설비를 갖추어 A지점의 손님을 빼앗기고 있다.

비 해석 (고객) 주변이 주택가이며 가족 단위가 많아, 이불과 담요, 두꺼운 커튼 등의 세탁과 건조에 대한 수요가 많다.

(자사) 대형 건조기가 적어 가족 단위 고객의 수요를 만족시키지 못하고 있다. 단, 자사는 키핑박스 사업을 하고 있어서, 빨래방 사업과 연계하여 새로운 수요를 창출할 수 있을지도 모른다.

우산 해결책 가족 단위 고객 대상의 이벤트를 실시하여, 경쟁사로부터 고객을 되돌아오게 하고, 빨래방 사업과 키핑박스 사업을 연계하여 침구와 의류의 보관 서비스를 개시한다.

결과적으로, 신규 고객도 대폭 증가하고 안정적인 매출과 이익을 낼 수 있게 되었다. A지점은 모범 사례로 선정되어 다른 지점에서도 동일한 시도를 하게 되었다.

'하늘·비·우산'과 '3C 분석'을 결합하니 누락이나 빈틈이 없어져서, 대중 요법적인 문제 해결이 아니라 진정한 문제 해결을 위한 효과적인 해결책을 도출할 수 있게 된 것이다.

실용적인 프레임워크 '경험학습모형'

사실 당신은 빨래방 A지점 문제를 해결하는 과정에서 무의식중에 데이비드 콜브 David Kolb가 제창한 '경험학습모형 Kolb's Learing Cycle'을 실천했다고 볼 수 있다.

콜브는 교육자로 유명한 존 듀이의 '학습이론'을 응용하여 비즈니스 등에서도 실천할 수 있도록 단순화하였다.

자신이 실제로 경험한 사례로부터 배워 가는 것을 '경험학습'이라고 하는데, 콜브는 경험과 그 과정에서 얻은 지식, 기술을 다음에도 살릴 수 있으려면 거쳐야 할 프로세스가 있다고 하였고, 이를 이론화하여 실천적인 프레임워크로 만들었다. 그것이 바로 경험학습모형이다.

콜브는 철학자인 도널드 쉰이 말한 '성찰적 실천가'라는 개념을 채용하여 경험학습모형의 수준을 향상했다. 이로써 경험학습모형은 실용적 프레임워크의 지위를 확립할 수 있었다.

그럼, 경험학습모형에 대해 구체적으로 알아보도록 하자.

경험학습의 과정은 '구체적 경험', '내성적 성찰', '추상적 개념화', '적극적 실천(시행)'의 4가지 공정으로 구성되어 있다.

그 과정은 '구체적 경험'을 하는 것부터 출발한다. 조금 전 예로 든 사례에서는, 자신이 담당하는 현장에서 문제가 발생하였기 때문에 현장을 방문하여 여러 가지 조사를 진행하고 인터뷰 등을 실시했다.

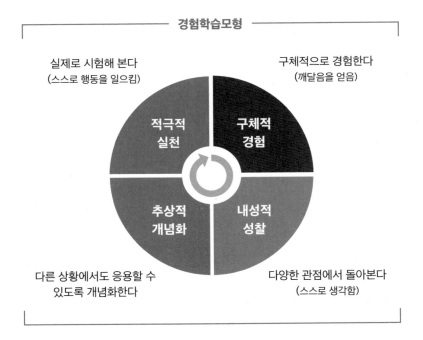

경험학습모형

실제로 시험해 본다
(스스로 행동을 일으킴)

구체적으로 경험한다
(깨달음을 얻음)

적극적
실천

구체적
경험

추상적
개념화

내성적
성찰

다른 상황에서도 응용할 수 있도록 개념화한다

다양한 관점에서 돌아본다
(스스로 생각함)

다음의 '내성적 성찰'이란 '일단 현장을 벗어나 자신의 행동과 경험의 의미를 다양한 관점에서 돌아보고 의미를 부여하는 것'이다. 경험한 것을 다양한 관점에서 철저하게 돌아보고 경험 및 수집한 데이터를 살피며 성찰하면, 깨달음과 아이디어를 얻을 수 있고 효과적인 가설 또한 수립할 수 있게 된다.

그다음은 '추상적 개념화'인데 이것은 '경험한 것을 일반화, 개념화, 추상화하여 다른 상황에서도 응용할 수 있는 지식이나 프레임워크 형태로 만들어 내는 것'을 의미한다. 즉, 한 번으로 끝나는 것이 아니라, 성찰한 내용을 개념화하여 다른 사람들도 활용할 수 있도록 일반적인 도구로 만드는 것이다.

마지막으로 '적극적 실천(시행)'이란 행동 및 실천을 뜻한다. 경험학습모형에서는 경험을 통해 구축된 가설과 프레임워크를 행동으로 실천해야만 의미가 있다.

좋은 가설과 아이디어를 도출할 때

경험학습모형에서 가장 중요한 단계는 '성찰'이다. 그리고 그 요점은 '포기하지 않는 것'이다.

맥킨지의 컨설턴트는 언뜻 보면 시원시원하게 일하고 있는 것처럼 보이지만, 사실 '장인 정신'을 가진 사람이 많다고 생각한다.

여기서 말하는 '장인 정신'이란, 다소 우여곡절이 있더라도 마지막까지 포기하지 않고 철저히 목적을 추구하는 것이다. '빼어난 업무 방식'을 터득하려면 특히 이런 장인 정신이 필요하다.

'빼어난 업무 방식'이란 맨 처음에 번득이는 아이디어를 도출하고, 이것이 잘 될지를 논리적으로 분석해 가는 것이다. 그런데 이 '번득임'을 논리로 연결하기는 굉장히 어렵다. 다양하게 조사하고 분석을 반복하여 마침내 그 번득임이 성립할 수 있는 근거를 찾아내기까지 포기하지 않고 끊임없이 생각하며 빠짐없이 알아봐야 하기 때문이다.

문제를 해결하기 위해서는 '목적은 무엇인가?', '진정한 문제가 무엇인가?'에 대해 질문을 계속하고, 문제의 소재가 명확해졌다면, '그것을 해결하는 데 효과적인 방법은 무엇인가?'라고 다시 질문을 거듭해야 한다.

그렇게 여러 번의 '왜?'를 반복하면서 포기하지 않으며 끈기 있게 고찰해야 훌륭한 가설과 아이디어가 생겨나는 것이다.

A지점의 사례에서 첫 번째 실천이 실패로 끝난 것은 이 부분을 제대로 하지 않았기 때문이다.

즉, 'A지점의 매출이 전년도 동기 대비 떨어졌다', '주변에 경쟁사 지점이 생겼다', '경쟁사는 할인 이벤트를 하고 있다'라는 사실로부터, '가격 경쟁력이 떨어지고 있으니 경쟁사에 손님을 빼앗기는 것이다'라고 단편적으로 판단한 것이 실패의 원인이다. 논리성이 없는 가설로부터는 논리성이 없는 해결책밖에 나오지 않는다.

조금 가혹하게 말하자면, 성찰이 잘못되었기 때문에 첫 번째 이벤트에 쓸데없이 시간과 비용을 낭비하였으며, 그 결과 (효과적인 해결책이었다면) 올릴 수 있었던 매출과 이익을 놓친 것이다.

한편 두 번째 실천은 경험학습모형을 기반으로 하였다. 첫 번째 경험이 교훈이 되어 '구체적인 경험', '성찰' 단계에서 '3C 분석'을 도입하고, '경쟁사', '고객', '자사'로 고찰한 것이 성공을 거둔 이유이다.

그럼, 경험학습모형으로 A지점 사례를 다시 정리해 보자.

이미 눈치챘을 것이다. 경험학습모형에서는 성공 경험뿐만 아니라 실패 경험 또한 '구체적 경험'으로서 생생하게 활용할 수 있다.

구체적 경험	고객의 수요를 찾아내기 위해 경쟁 지점을 방문하고 고객의 행동을 관찰하였다. 주변은 주택가로 가족 단위 고객이 대량의 의류와 이불, 담요 등의 침구를 가져온다는 것을 알게 되었다
내성적 성찰	고객은 대량의 의류와 침구를 말리려고 대형 건조기가 더 많은 경쟁 지점을 이용하고 있다. 그러나 이불 한 장 정도라면 중형 건조기로도 대응할 수 있다. 그런 상세한 정보가 실려 있는 유인물을 만들어 배포하자

추상적 개념화	고객은 침구 및 대량의 의류 보관에 골머리를 앓고 있다. 별도 사업으로 전개 중인 키핑박스 사업과 연계하면 이러한 고객의 수요에 대응할 수 있을 것이다. A지점뿐만 아니라 전사적으로 빨래방 사업과 키핑박스 사업을 결합하여 제공하면 어떨까
적극적 실천	빨래방 사업과 키핑박스 사업을 결합한 서비스를 A지점을 포함한 몇 개의 지점에서 시범 운영해 보았더니 크게 호평을 받았다. 전사적으로 전개한다는 방침이 결정되었다

업무를 개선하여 실효성을 향상하는 'PDCA 사이클'

지금까지 A지점의 사례를 바탕으로 경험학습모형을 설명하였으나, 경험학습모형은 'PDCA 사이클'과 결합하면 더욱 큰 효과를 낼 수 있다.

직장인이라면 평소에 PDCA 사이클을 의식하여 실천하고 있는 사람도 많다. 자세히 설명하자면 PDCA 사이클이란 'Plan(계획)', 'Do(실행)', 'Check(평가)', 'Action(개선)'을 반복하여 업무를 개선하고 실효성을 향상하는 프레임워크다.

PDCA 사이클은 토요타 자동차의 생산 방식을 확립한 오노 다이치의 사상을 기반으로 하여, 미국의 수리 통계학자인 에드워드 데밍이 체계화, 정리한 것으로 알려져 있다.

그럼, PDCA 사이클을 과정별로 살펴보자.

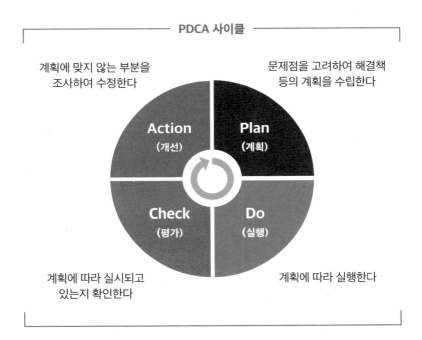

— PDCA 사이클 —

계획에 맞지 않는 부분을
조사하여 수정한다

문제점을 고려하여 해결책
등의 계획을 수립한다

Action
(개선)

Plan
(계획)

Check
(평가)

Do
(실행)

계획에 따라 실시되고
있는지 확인한다

계획에 따라 실행한다

'Plan(계획)'에서는 우선 문제점을 고려하여 해결책을 입안한다. 나중에 구체적인 평가를 하기 쉽도록 수치 및 시간, 목표 등을 설정하면 좋다.

'Do(실행)'에서는 'Plan(계획)'에 기반하여 해결책을 실행하는 것이다.

'Check(평가)'에서는 실행한 결과를 검증한다. 설정했던 목표와 비교하여 어떻게 되었는지 평가하도록 하자.

'Action(개선)'에서는 문제점이 해결되지 않았거나 혹은 불충분하다고 판단되었을 경우, 계획의 수정 또는 재고를 진행한다.

경험학습모형과 PDCA 사이클을 비교해 보면 아래 그림과 같다.

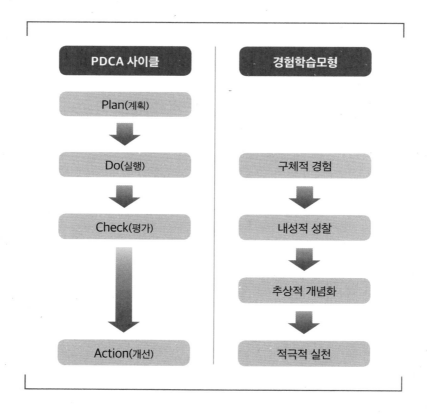

양자는 상호 보완적으로, 어느 한 프레임워크를 실천할 때 다른 쪽

프레임워크의 사고방식을 참고하면 더욱 생산성이 높아진다.

구체적으로 말하자면, '경험학습모형'의 '구체적 경험'을 하기 전에 'Plan(계획)' 단계를 삽입하고, 'PDCA 사이클'의 'Check(평가)' 단계에서 '내성적 성찰'과 '추상적 개념화'를 의식하는 식이다.

이렇게 놓고 보면 양자는 매우 상호 보완적인 프레임워크라는 것을 알 수 있다.

끊임없이 배우는 자세

경험학습모형의 '내성적 성찰' 단계에서 주의해야 할 부분은, 단순히 자기만족에 그치지 말아야 한다는 것이다.

이를 위해서는 일류로부터 배울 필요가 있다. 내가 아직 맥킨지에서 신인 비즈니스 애널리스트였을 때, 오마에 겐이치 씨와 매니저로부터 "우선 자신의 키만 한 높이가 될 때까지 패키지(보고서)를 읽도록"이라는 말을 들었다.

그 말은 중요하다. 과거의 패키지를 많이 읽을수록 어떤 문제에 대해 어떻게 문제 해결 접근 방식을 취했는지, 혹은 어떤 가설이 효과적이었는지 등을 직관적으로 파악할 수 있기 때문이다.

요컨대 일류 선배들의 문제 해결 프로세스를 학습하면 어떤 문제를 만났을 때 스스로 효과적인 사고 패턴으로 문제를 해결할 수 있게 된다는 뜻이다.

실제로 '어떤 과제에 대해 어느 프레임워크를 활용했는지', '문제 해결 프로세스 중 어떤 단계에 어느 프레임워크를 응용했는지' 등에 대해 패키지를 읽어 보면 어느 정도는 알 수 있다.

물론 완전히 똑같은 예시는 없다. 그리고 비슷한 과제라 해도 사람에 따라 다른 접근 방식을 취하며, 애용하는 프레임워크도 다를 것이다.

단, 많은 사례를 읽다 보면 대략적인 사고 패턴을 알 수 있게 된다. 이들을 적극적으로 참고하면 된다.

경험자의 지혜는 적극적으로 수용한다

비즈니스에서는 스스로 문제 해결 방법을 고민하고 가설을 수립하여 행동하는 것이 역량 강화와 경험적인 측면에서 매우 중요하다.

그러나 모든 사람이 처음부터 완벽하게 할 수 있는 것은 아니다. 애당초 경험도 없는데 느닷없이 도전해서 잘 해내는 사람은 거의 없을 것이다.

따라서 패키지를 읽는 것뿐만 아니라, 상사와 선배의 경험과 지혜를 빌려 활용하는 것도 중요하다.

맥킨지의 신입들도 마찬가지였다. 나 또한 신입 시절에는 머리에

쥐가 나도록 고민하여 쓴 인터뷰 질문 초안을 선배에게 보여 주면 반드시 곱절 이상 빨간펜으로 첨삭이 되어 돌아왔다. 처음에는 놀랐지만, 지적받은 내용을 확인해 보니 곧바로 이해할 수 있었다.

예컨대 음식점 이용 동기에 대한 인터뷰에서 '이 가게를 이용하는 이유는 무엇인가?'라는 질문을 만드니, 선배가 'So What?(그래서 어떻게 되었는데?)'이라고 빨간펜으로 지적한 것이다.

'이 가게를 이용하는 이유는 무엇인가?'라고 질문하니 나온 답변은, '점심을 먹기 위해서', '항상 이용하니까', '디저트가 맛있어서' 등의 피상적인 내용이었다.

그러나 우리가 알고 싶은 것은 그런 표면적인 답변이 아니라 '이 가게의 어떤 부분이 진정한 이용 동기인가?'라는 본질적인 가설로 이어질 만한 대답이다.

그런 '깊은 성찰(인사이트)'이 가능하려면 상대방의 잠재적인 기호와 지향, 수요까지 자연스럽게 짚어 낼 수 있을 만한 질문을 해야 한다.

그래서 선배들은 지도하는 역할을 맡아 종이가 새빨갛게 될 정도로 첨삭해 주고, 신입생인 우리가 본질에 초점을 잘 맞출 수 있도록 도와준 것이다.

지금 와서 생각해 보면 그러한 '질문'을 내게 던져 준 선배들 덕분에 이렇게 컨설턴트로서 성장할 수 있었던 것 같다.

당신도 주변에 '이 사람의 사고방식은 참고할 만하다'라는 사람이 있다면, 모쪼록 그 사람에게 당신이 만든 제안서나 보고서 등의 검토를 부탁해 보자. 분명 그들은 유익한 조언을 해 주거나 여러 가지 깨달음을 전해 줄 것이다.

어떤 업무일지라도 적절한 인풋이 있어야 좋은 아웃풋이 나온다. 또한 자신이 보유한 정보만 가지고 순간적으로 떠오른 가설을 수립하였다면, 본질적인 문제 해결은 쉽지 않을 것이다.

그렇게 되지 않으려면, 평소에도 편히 상담할 수 있는 상사와 선배, 또는 전문성을 가진 다양한 스페셜리스트를 자신의 인맥으로 삼아야 한다.

맥킨지에서 신입으로 근무할 때, 상사로부터 어떤 업계의 동향을 조사하는 업무를 지시받은 적이 있다. 어디서부터 어떻게 해야 할지도 전혀 모르는 상태였던 나는 시장 규모와 경쟁사 매출 추이 등, 생각나는 대로 정보를 모아 두꺼운 자료로 만들어 제출하였다.

그러나 자료를 한 번 훑어본 상사는 "정보에 누락은 없는가?", "결국 자네가 하고 싶은 말은 무엇인가?", "혹시 자네가 이 회사의 임원이라면 이 자료를 보고 무엇을 해야 할지 알 수 있겠나?" 등의 질문을 연달아 내게 던졌고, 예상 못한 질문들 때문에 내 머릿속은 새하얘졌다.

"컨설턴트의 업무는 '경제백서'처럼 정보를 나열하는 것이 아닐세. 구체적인 아이디어와 해결책을 제시하는 것이야."라는 말이 지금도 선명하게 기억난다.

정보를 모아 나열해 봤자 비즈니스 현장에서는 아무런 도움이 되지 않는다. 나는 그때, "프레임워크를 활용하여 해결책을 마련한다"는 말의 중요성을 뼈저리게 통감하였다.

프레임워크란 '정보×발상'이다. 이 세상은 막대한 정보로 넘쳐 난다. 그런 정보의 혼돈 속에서 어떤 발상으로 이를 정리할 것인가? 이에 따라 관점과 해석이 달라지며 결과적으로 취해야 할 행동 또한 변화한다. 프레임워크는 그 과정을 인도해 주는 도구다.

이 책에서 소개한 것은 모두 내가 컨설팅 현장에서 활용해 온 실용적이고 범용성 높은 프레임워크다. 원인 규명의 정확도를 높이고 해결책을 도출하는 데 도움을 주기 때문에, 의사 결정의 신뢰도와 그 속도도 놀랄 만큼 올라갈 것이다.

처음에는 보고 흉내 내는 수준이라도 괜찮다. 이 책의 프레임워크를 통해 자신의 업무와 일상생활에서 직면하는 과제를 정리하고 의사 결정에 마음껏 활용해 주길 바란다. 사용할수록 당신의 생각과 행동이 제련되어 가는 것을 실감할 것이다.

마지막으로, 이 책의 집필에 학생의 의견도 참고하고 싶어서 대학에서 열심히 의학 공부를 하고 있는 조카, 오시마 치히로에게 체크를 부탁했다. 이 자리를 빌려 감사를 전한다.

이 책이 당신의 업무와 인생을 향상하는 힌트가 되었다면 더할 나위 없이 행복할 것이다.

오시마 사치요

──────── 참고 문헌 ────────

・《생각의 기술(考える技術)》오마에 겐이치 저, 코단샤
・《기업 참모-전략적 사고란 무엇인가(企業参謀−戦略的思考とはなにか)》오마에 겐이치 저,
　프레지던트사
・《초역·속습·도해 기업 참모 노트 [입문편](超訳·速習·図解 企業参謀ノート[入門編])》프레지
　던트 서적편집부 편집, 오마에 겐이치 감수, 프레지던트사
・《카츠마 카즈요의 비즈니스 두뇌를 만드는 7가지 프레임워크-비즈니스 사고법의 기본
　과 실천(勝間和代のビジネス頭を創る7つのフレームワーク力 ビジネス思考法の基本と実践)》카츠
　마 카즈요 저, 디스커버21
・《지식 0에서 시작하는 행동경제학 입문(知識ゼロからの行動経済学入門)》카와니시 사토
　시 저, 겐토샤
・《맥킨지에서 배운 프레임워크 교과서(マッキンゼーで学んだフレームワークの教科書)》(요센샤
　MOOK) 오시마 사치요 감수, 요센샤

맥킨지의 전략적 프레임

경영 전략의 본질을 꿰뚫는 컨설팅 프레임워크

초판 발행 2024년 12월 16일
펴낸곳 유엑스리뷰
발행인 현호영
지은이 오시마 사치요
옮긴이 강모희
편 집 심미정, 황현아
디자인 김윤남
주 소 서울특별시 마포구 월드컵북로58길 10, 더팬빌딩 9층
팩 스 070.8224.4322

ISBN 979-11-93217-78-8 (93320)

좋은 아이디어와 제안이 있으시면 출판을 통해 가치를 나누시길 바랍니다.
투고 및 제안 : uxreview@gmail.com